# ¿Amor o adicción?

AF275433

Vivir Mejor

# Silvia Congost

## ¿Amor o adicción?

*Edición ampliada y actualizada del libro*
Cuando amar demasiado es depender

Zenith/Planeta

PEFC Certificado

Este libro procede de
bosques gestionados
de forma sostenible

PEFC/14-38-00305    www.pefc.es

Los nombres y los rasgos característicos de las personas que aparecen en este
libro se han modificado para proteger su privacidad.

La primera edición de esta obra se publicó con el título *Cuando amar demasiado
es depender* (junio de 2013).

© Silvia Congost Provensal, 2023
© Editorial Planeta, S. A., 2023
  Zenith, un sello editorial de Editorial Planeta, S. A.
  Avda. Diagonal, 662-664, 08034 Barcelona (España)
  www.zenitheditorial.com
  www.planetadelibros.com

© de la maquetación interior, Sacajugo.com
© de las ilustraciones del interior, Freepik.es

Adaptación de la cubierta: Booket / Área Editorial Grupo Planeta
Fotografía de la cubierta: © Christian Hors
Primera edición en Colección Booket: enero de 2025
Segunda impresión: marzo de 2026

Depósito legal: B. 20.154-2024
ISBN: 978-84-08-29752-9
Impreso en España

## Biografía

Silvia Congost es psicóloga experta en autoestima, dependencia emocional y relaciones de pareja. Tras haber sufrido en primera persona dependencia emocional, su pasión es ayudar a los demás a fortalecer la autoestima, liberarse de vínculos tóxicos y construir relaciones de pareja sanas. Reconocida conferenciante, nunca deja indiferente con su discurso, que invita a la reflexión y al autoconocimiento. En la actualidad, ayuda a miles de personas, junto a su extenso equipo, con sesiones presenciales en sus centros de Madrid, Barcelona y Gerona y con sesiones *online* y grupos de autoestima. Tiene cientos de miles de seguidores en las redes sociales y participa habitualmente en varios medios de comunicación. Es autora de *Autoestima automática*, *Si duele, no es amor*, *A solas*, *La voz de mis alas*, *Personas tóxicas* y *¿Amor o adicción?*, edición ampliada y actualizada del libro *Cuando amar demasiado es depender*, todos publicados en Zenith.

[Instagram] @silviacongost

[Facebook] silvia.congost

[Web] silviacongost.com

[YouTube] @SilviaCongost-Psicologa

*Yo soy yo.*
*Tú eres tú.*
*Yo no estoy en este mundo para cumplir tus expectativas.*
*Tú no estás en este mundo para cumplir las mías.*
*Tú eres tú.*
*Yo soy yo.*

*Si en algún momento o en algún punto nos encontramos,*
*será maravilloso.*
*Si no, no puede remediarse.*
*Falto de amor a mi mismo,*
*cuando en el intento de complacerte me traiciono.*
*Falto de amor a ti,*
*cuando intento que seas como yo quiero*
*en vez de aceptarte como realmente eres.*
*Tú eres tú y yo soy yo.*

FRITZ PERLS

# SUMARIO

# PRÓLOGO A LA NUEVA EDICIÓN

Hace ya diez años de la publicación de mi primer libro, *Cuando amar demasiado es depender*.

Desde entonces, mi vida ha cambiado mucho, aunque yo sigo siendo exactamente la misma. He tratado de divulgar por todos los medios tanta información como he podido sobre la dependencia emocional y las relaciones. En estos diez años, he pasado de estar trabajando yo sola en una consulta que abrí en mi pueblo, atendiendo yo misma al teléfono y escribiendo en una revista gratuita que se repartía en gasolineras para darme a conocer, a crear mi propio método, formar un equipo de más de treinta personas, tener tres centros físicos en distintas ciudades y poder ayudar así, mensualmente, de forma presencial y también *online*, a miles de personas de todo el mundo que lo necesitan.

He escrito una decena de libros, he hecho videocursos, creé un consultorio *online* en mi canal de YouTube («Confidencias con Silvia Congost») que siguen y escuchan miles de personas cada semana y que tiene cada vez más éxito, aporto contenido a diario en mis redes sociales y realizo eventos muy potentes y transformadores que llenan los teatros más importantes de nuestro país. Y todo esto porque tengo la obsesión, la pasión y la certeza de que esta es mi misión, de que estoy aquí para ayudar, para aportar y para sumar.

Debo confesar que, cuando le propuse hace un tiempo a mi editora hacer una nueva edición, revisada y ampliada de este libro, jamás imaginé la sorpresa con la que me iba a encontrar: lo que explicaba en él una década atrás seguía estando totalmente a la orden del día. Y es que sigue siendo un tema de lo más necesario, porque sigue habiendo miles y miles de personas en todo el mundo, atrapadas en relaciones de las que no pueden alejarse debido a la dependencia emocional.

Lo que demuestra esto es algo tan sencillo como preocupante: aún falta muchísima información sobre estos temas y mucha educación en autoestima. Continuamos viviendo en una sociedad en la que, a pesar de que se empeñen en decirnos que ahora los jóvenes han cambiado, que ya no se comprometen, que viven las relaciones de otra forma, que ya no sufren en el amor y un sinfín de argumentos más, la realidad demuestra que la dependencia emocional sigue haciéndonos sufrir igual.

Es un escándalo la cantidad de personas que tienen una vida infeliz por estar atrapadas en una relación de amor mal entendido, la cantidad de personas que me escriben cada día exponiéndome sus casos y sus duras realidades, tratando de describir la magnitud del sufrimiento que están experimentando y sin ver salida alguna. Y son muchos, también, aquellos que me confiesan que no han podido seguir leyendo el libro, porque el dolor que les producía verse tan reflejados en él era demasiado profundo.

Y además, por si esto fuera poco, hoy también tenemos que lidiar paralelamente con el mundo de las redes sociales. Un mundo que sin duda nos ha aportado mucho, sobre todo a nivel profesional, pero que en el plano personal lo ha complicado todo bastante. Situaciones como ser consciente en todo momento de lo que hace la persona a la que estás tratando de olvidar, enterarte de cada novedad que hay en su vida, que te haga saber si le gusta o no lo que tú publicas o el simple hecho de que puedas comprobar si lo ha visto, dificultan seriamente nuestros procesos de mejora y la superación del duelo.

Por mi parte, durante estos años, me he dedicado sin descanso, en cuerpo y alma, a perfeccionar mi metodología y a reinventar mi mensaje para que en nuestra sociedad logremos entender el amor de una forma más sana, más realista, más madura y más de verdad. Me encanta el amor, creo firmemente que es la esencia de la vida, lo que nos mueve, lo que nos empuja y lo que le da sentido a todo. Necesitamos amor en nuestras vidas. Pero me niego a aceptar que el sufrimiento sea inherente a él. Me niego a aceptar que quien te ama pueda hacerte daño una y otra vez, que pueda hacer que tu cuerpo termine enfermando por insomnio, ansiedad o una depresión, o que acabes sintiendo que no vales para nada, perdiendo por completo tu autoestima y tu dignidad.

La sociedad está cambiando. Cierto. Los modelos de relación de pareja están cambiando. Cierto. Todo cambia porque la vida es cambio. Pero eso no significa que nos estemos pervirtiendo ni que todo se vaya a pique. Eso no significa que ahora no aguantemos nada ni tampoco que una relación no pueda durar toda la vida siendo sana. Porque sí, es verdad que una relación puede durar toda la vida, lo cual es maravilloso. Pero también es cierto que toda relación puede acabar, y eso no tiene por qué deberse a que no aguantamos lo suficiente. Tal vez sea simplemente porque una de las dos partes no quiere aguantar. Y si eso lleva a que la relación se acabe, también puede ser maravilloso. Son cambios. Nada más.

Ahora bien, la sociedad cambia y todo cambia, pero, sin embargo, seguimos sufriendo igual. Este es el motivo por el que he creído necesario volver a acercar este libro (que es básicamente un manual que todo el mundo debería leer) a todos aquellos que sientan la necesidad de aprender y de ser más felices o menos desdichados por un tema que solo debería aportar felicidad.

Como siempre digo, mientras siga habiendo personas que sufren, yo seguiré buscando formas de ayudarlas. Porque mi vida va de eso, de poner mi granito de arena para que cada vez más gente despierte y vea, para que cada vez sean más los que entiendan qué les ocurre y por qué y, sobre todo, para que sepan cómo fortalecer sus enormes alas y así, cuando comprendan que ese ya no es su lugar, las extiendan y emprendan, por fin, su vuelo.

SILVIA CONGOST

# PRÓLOGO DEL DOCTOR DOMÈNEC LUENGO

Si yo amo, estoy eligiendo; elijo porque tengo criterio y decisión, por tanto, soy una persona libre. Esa es la idea que Silvia proclama constantemente: amamos porque somos libres o, también, amar es la demostración más evidente de la libertad que poseemos.

Amar y ser libre son dos conceptos indiscernibles, a la vez que necesitados de pureza permanente. Sin embargo, en la práctica de nuestros afectos cotidianos, la realidad nos muestra a diario ejemplos de la dificultosa relación entre ambos planos. En efecto, cuántas veces quien ama pierde o menoscaba su libertad, es decir, lleva a cabo, aun sin saberlo, una renuncia a su propia esencia, se automutila, se desprecia o se anula; en estos casos, el amor bello, sereno y libre inicial se convierte en «esclavo/esclavizante» y «dependiente/tirano». En lugar de ser un espacio personal y voluntario, gozoso y motivador, es un eje de desequilibrio psíquico que distorsiona la evaluación de las situaciones y provoca conductas que más tarde serán motivo de arrepentimiento porque difícilmente podrán justificarse.

El presente trabajo es muy valioso, entre otros, por dos aspectos fundamentales: en primer lugar, por tener la valentía de describir lo que debe entenderse como una relación afectivamente sana y, en segundo lugar, porque describe de manera clara y detallada la dependencia emocional, exponiendo sus características y causas, así como los pasos necesarios para superarla. Silvia parte de la admiración, la confianza, el respeto, la aceptación y la comunicación como los pilares básicos con los que construir una relación de pareja viable, alejada de la humillación, la mentira, la infravaloración, el desconsuelo o la anulación de sus componentes; todos ellos elementos característicos de las relaciones tóxicas. El lenguaje claro y la gran cantidad de testimonios de la vida cotidiana, además de la exposición de casos de la consulta de la autora, hacen de este libro algo realmente pionero y fascinante.

Nos hallamos ante un magnífico manual al que acudir cuando los afectos, y en especial los de la pareja, menoscaban la felicidad conjunta e individual y transforman una relación entrañable en algo progresivamente incómodo u odioso, además de provocar paulatinamente la pérdida, la reducción o la cesión al otro de la propia libertad. En este sentido, el capítulo dedicado a la superación de la dependencia emocional es de aconsejable lectura para las parejas en general y de obligada consideración para quienes han incurrido en mayor o menor grado en la espiral de la disensión. También para el especialista el presente trabajo no solo orienta, sino que permite una necesaria organización conceptual que ayuda en la intervención técnica en la consulta, huyendo de tópicos y proponiendo con claridad conceptos y líneas de afrontamiento.

La autora investiga el afecto-amor en la pareja partiendo de la premisa de que solo es viable si se mantienen intactas la libertad individual, la igualdad y el respeto. A su vez, dichos elementos precisan de control y evaluación permanentes, pues la toxicidad se genera de forma paulatina y, superados ciertos límites, se manifiesta irresoluble. De hecho, coincido con Silvia en que el espacio de pareja debiera ser el idóneo para lograr el desarrollo máximo de cada individuo.

Conozco a Silvia desde hace tiempo, atrás quedaron tardes de trabajo y formación en la entrañable Girona. Sé perfectamente el esfuerzo que ha destinado al análisis profundo de la dependencia emocional, así como su intachable trayectoria, tanto investigadora como terapéutica; con la presente obra queda constatado ahora también su excelente rigor como especialista en dicho campo, así como su gran capacidad para la divulgación científica.

A veces las pequeñas cosas son las más importantes; en el amor y en la pareja, también. En relación con esto, deberíamos recordar siempre aquella pintada urbana, sobre un muro desteñido, que decía: «Dame alas para volar y motivos para quedarme».

Gracias, Silvia, por tu gran trabajo.

Doctor Domènec Luengo
Psicólogo clínico
Barcelona, 8 de abril de 2013

# INTRODUCCIÓN

Mi historia confirma una vez más lo que se viene diciendo ya desde tiempos muy lejanos: cada experiencia que vives te enseña algo, te aporta algo, y con el tiempo averiguarás qué.

Acabé la carrera de Psicología sin saber demasiado bien qué podía sacar de ella, más allá del título que ya tenía en mi posesión, y que sentía que no me aportaba demasiado. Estaba bastante perdida, y fue en aquel momento cuando empecé una relación de pareja que para mí era lo más maravilloso que me había pasado en la vida. Duraría varios años y no tenía ni idea de lo que me iba a costar separarme de manera definitiva.

Sufrí dependencia emocional, a pesar de no reconocerla mientras la vivía, como la mayoría de las personas que la padecen (incluso habiendo acabado una licenciatura que se supone que me debería haber hablado de ella).

Al principio, como suele pasar, la relación era maravillosa. De hecho, él siempre fue una buena persona. El problema llegó porque fuimos conociéndonos y se empezó a ver que nuestros valores eran muy diferentes. Nuestra manera de ver la vida era distinta, no nos gustaban las mismas actividades ni ir a los mismos sitios, ni con la misma gente ni a las mismas horas..., no coincidíamos en nada. Prácticamente en nada. Os preguntaréis: «Entonces, ¿cómo estuvisteis juntos más de cinco años?».

Pues bien, precisamente dejamos pasar tanto tiempo porque teníamos dependencia emocional. Llega un punto en el que lo que sientes se transforma en ese enganche tóxico que te va destruyendo poco a poco sin que te des cuenta.

Cuando en una pareja los dos son tan diferentes, solo hay una manera de seguir juntos: que uno de los dos deje de ser quien es y se amolde al otro.

Esa fui yo. Empecé a adaptarme a él en todo. Apenas me di cuenta, pero solo hacía las cosas que a él le gustaba hacer. Siempre he sido una persona muy activa y me consumía cuando pasábamos días enteros en casa, o los fines de semana delante de la televisión (que no soporto). Cuando salíamos, íbamos a los sitios que a él le gustaban, pero no porque me obligara, sino porque yo le decía que me parecía bien. Compartía también su *hobby* principal: hacer surf. En todas nuestras vacaciones, metíamos las tablas dentro del coche e íbamos al norte en busca de las soñadas (por él) olas. Yo soy una persona que para estar bien necesita el calor, unas temperaturas lo más altas posibles. Cuando me recuerdo a mí misma metiéndome dentro del traje de neopreno en pleno invierno, en la parte más fría del país, y entrando en el mar con una tabla de surf atada al tobillo, no me lo puedo creer. A mí jamás me ha gustado el mar, ni el frío, y me encanta viajar, descubrir nuevos países, nuevas culturas, nuevas comidas..., y pasé más de cinco años haciendo lo mismo: actividades que ni me interesaban ni me divertían.

Evidentemente yo no era feliz. No podía serlo de ninguna manera, pero no por su culpa, ni muchísimo menos. Era yo la que tenía un problema, porque él era así: tenía sus aficiones, su manera de ver la vida y no estaba dispuesto a cambiar nada por nadie. Y eso en realidad está muy bien. Era yo la que tenía que darme cuenta de ello y plantearme si quería seguir allí más tiempo o no.

Empecé a quejarme, a exigirle que cambiara, que saliéramos más y que hiciéramos cosas diferentes. Comencé a rebelarme, a luchar por conseguir lo que yo quería de esa relación. Pero por un lado ya era tarde, y por el otro, era imposible.

Estaba tan desgastada que aquello no podía funcionar de ninguna manera. Él era una buena persona. Pero no teníamos nada que ver el uno con el otro.

Entonces fue cuando llegó el momento más duro: el de pensar en la ruptura. Justo en aquel instante me di cuenta de que tenía un problema muy grave. Al tomar conciencia de que no estaba bien y que aquello no era lo que yo quería, me planteaba dejar la relación, pero inmediatamente me inundaba el pánico más grande. Mi mente se llenaba de imágenes de él, de la falsa seguridad que él me daba, de sus cualidades y virtudes, y sentía terror frente a la simple idea de perder todo aquello.

Venían a mi mente las tres grandes e irracionales preguntas: ¿y si no encuentro a nadie más como él?, ¿y si a partir de ahora cambia?, ¿y si encuentra a otra y luego con ella es feliz?

Entonces ya no recordaba ningún motivo para querer irme de allí. Me decía a mí misma que me esforzara por aceptarle, por compartir lo que él quisiera con ilusión, y que con el paso de los años ya iría madurando y cambiaría. Tenía muy claro que cuando dos personas son tan diferentes, si uno de los dos no se adapta al otro, no se pueden encontrar y entonces no hay relación. Y tenía más claro aún que él no iba a cambiar en nada. Poco después una serie conductas por su parte me volvieron muy celosa, y mis inseguridades y mis miedos crecieron de manera desmesurada.

Me costaba horrores dormir y recuerdo que me despertaba sobresaltada cada noche a las cinco de la madrugada. Mi mente estaba obsesionada con él y con la contradicción entre la certeza de tener que dejarle y el pánico a perderle.

Mis amigos ya no sabían qué decirme. De hecho, también fui alejándome de ellos. Al principio están allí y cuando les cuentas lo que estás viviendo, te aconsejan que dejes la relación, te dan su apoyo incondicional, te ayudan en todo. Pero cuando ven que a pesar de haberte escuchado durante horas y haberte dado sus mejores consejos (puesto que está clarísimo para ellos y para cualquiera que la relación no tiene ningún sentido) vuelves una y otra vez con él, entonces ya no te entienden y se cansan. Y tú ya no te atreves a irles otra vez con los mismos argumentos que en las anteriores incontables ocasiones.

Estuve casi un año intentando dejarle y volviendo con él como si me fuera la vida en ello. Cada vez estaba más desgastada, más agotada física y psicológicamente. Él lo era todo y, por tanto, todo estaba mal. Era como una droga que veía que me estaba consumiendo, pero me sentía incapaz de dejarla.

No encontraba respuestas. Nadie me comprendía. Empecé a buscar información en todas partes: Internet, bibliotecas, librerías..., hasta que un día el Colegio de Psicólogos invitó a Walter Riso a dar una conferencia sobre la dependencia emocional. Con él, por fin, llegaron las respuestas a mis preguntas y empecé a comprender qué era lo que me estaba pasando.

Devoré en unos días los poquísimos libros que por entonces había en el mercado sobre este tema. No me daban la solución, pero por lo menos entendía qué era lo que me pasaba.

Al tomar conciencia y comprenderlo, toqué fondo y a partir de allí algo cambió dentro de mí. Decidí que tenía que superarlo como fuera. Me había arrastrado tanto que ya no sabía ni dónde estaba mi dignidad. Era más que suficiente.

Al saber que se trataba de una adicción, decidí utilizar las mismas herramientas que funcionan para dejar otras sustancias y a partir de ese punto, todo empezó a cambiar. Comprendí que no estaba viviendo un amor sano y racional, sino que había generado un vínculo tóxico y totalmente dañino.

Por un lado, me sentía liberada y sabía que hacía lo correcto, pero, por otro, algo me decía que volviera a él. Cuando tenía el «síndrome de abstinencia», creía que iba a morirme literalmente. La desesperación se apoderaba de mí y necesitaba llamarle, meterme en el coche e ir a su casa sin pensarlo, tenerle cerca..., pero intentaba contenerme con todas mis fuerzas. Y cada vez que lo conseguía me sentía un poquito mejor, un poquito más libre, un poquito más yo.

Viví en mi propio cuerpo y en mi propia mente lo que es la dependencia emocional. Comprendí lo que me pasaba, lo investigué al tiempo que lo sentía y descubrí que se podía salir de allí. No sabía muy bien cómo, pero poco a poco lo fui consiguiendo.

Sufrí lo que no está escrito, pero, aun así, con el tiempo doy mil gracias a aquella experiencia de vida, porque fue determinante y absolutamente necesaria para definir mi futuro. Para que yo encontrara mi rumbo, mi propósito vital.

Ahora no tengo ninguna duda. Tuve que vivir todo aquello para hoy poder ayudar a otras personas que padecen lo mismo y que se sienten tan perdidas como yo lo estuve. Es por ello por lo que ya hace tiempo que tenía el deseo de escribir este libro.

En realidad, el que tenéis en vuestras manos es un manual práctico, claro, fácil de leer y comprender, basado en los cientos de casos de personas a las que he ayudado a recuperar su vida —y espero poder seguir haciéndolo mucho tiempo—. Es exactamente el libro que yo hubiera querido encontrar cuando sufrí de dependencia emocional y no sabía dónde agarrarme. En esos momentos la desesperación es tan grande que no sabes por dónde empezar. Mi propia experiencia, la formación que he adquirido y todos los pacientes que han confiado en mí me han permitido ajustar cada vez más la técnica ideal para ayudarles a salir de su pesadilla personal en muy pocas sesiones.

Mi objetivo, después de vivir lo que era la dependencia emocional en primera persona, siempre ha sido ayudar a tantos seres como pudiera a que superaran esa situación. En primer lugar decidí crear un blog, un espacio en Internet al que pudiera acceder cualquiera, desde cualquier parte del mundo. Allí empecé colgando artículos de manera periódica que cada vez eran leídos por más gente. Con el tiempo, crecían los comentarios de personas que se sentían totalmente identificadas con lo que yo explicaba. Cada vez me llegaban más agradecimientos porque al leerme se daban cuenta de qué era lo que les estaba sucediendo en sus vidas. Comprendían lo que les pasaba, y eso ya era para ellas una liberación enorme. Y con ello, yo cada vez era más consciente de lo frecuente y destructiva que es la dependencia emocional.

Más adelante, decidí escribir un pequeño manual para ayudar a comprender y superar la dependencia emocional con unas claves e ideas básicas, y lo colgué en mi blog para que todo el mundo lo pudiera descargar de manera gratuita. En unos meses habíamos contabilizado miles de descargas en todo el mundo. Era sobrecogedor. ¿Cuántas personas se enganchaban en sus relaciones de pareja, sin poder evitar que su vida se les escapara de las manos, sin saber qué hacer o adónde acudir para encontrar la ayuda necesaria? Sentía que tenía que seguir ayudándolas porque a cada paso que daba recibía mil y un agradecimientos. Eso me llenaba de felicidad y plenitud, y me daba energía para seguir ese camino. Sabía que ese era el camino.

Al mismo tiempo, mi consulta se llenaba más y más. El éxito del trabajo que realizábamos, y la rápida y permanente mejoría de mis pacientes hacía que cada vez hubiera más personas dispuestas a pedir ayuda, a apostar por ellas mismas y por su felicidad.

Y finalmente, decidí escribir este libro. Lo entiendo como algo indispensable. Habría que leerlo tanto si padecemos dependencia como si no, para así conocer el problema y poder evitarlo, porque, de ser necesario, si se pide ayuda a tiempo, es mucho más fácil reconducir nuestra vida desde la dignidad y el respeto por uno mismo.

La realidad es que las dificultades en la relación de pareja son uno de los principales motivos por los que se acude a los psicólogos, y en un alto porcentaje se deben a la dependencia emocional. El problema es que hoy en día no hay ninguna formación que prepare a profesionales para que sepan abordar este tema y que puedan así ayudar a aquellos que lo padecen. Por ello, es complicado encontrar un psicólogo que sepa detectarlo y, principalmente, que sepa cómo abordarlo. De no ser así, podemos estar meses y meses asistiendo a una terapia con la que no notemos ninguna mejoría y de la que no aprendamos ninguna herramienta que nos ayude a calmar nuestra ansiedad. Es por este motivo por el que he creado la primera formación de expertos en autoestima y dependencia emocional con la que desde hace unos años enseño a psicólogos de todo el mundo mi metodología, para que puedan ofrecer una ayuda de gran valor y con auténticos resultados.

He trabajado con muchas personas que después de hacer terapia durante un largo tiempo, al ver que no mejoraban, vinieron a mí porque se sintieron identificadas con los artículos y comentarios que leyeron en mi blog. Su agotamiento y su desesperación eran tan grandes que estaban dispuestas a seguir todas mis indicaciones. Y quedaban asombradas al ver que en muy pocas sesiones comprendían lo que les ocurría y empezaban a sentirse cada día mejor, más liberadas, con una autoestima más fortalecida, logrando finalmente superar el problema y recuperar su vida.

El hecho de que nos digan cosas como: «Pero ¿no ves que no te conviene, que no eres feliz con él/ella, que te trata mal?», «Debes irte de su lado...», no nos ayuda ni nos sirve para nada. Esto nosotros ya lo sabemos, ya nos damos cuenta de que aquello no puede seguir, de que no puede ser bueno, de que nos estamos destruyendo día a día.

Lo que necesitamos es:

* Consciencia para comprender qué es lo que nos está ocurriendo, para razonar tanta irracionalidad, para asegurarnos de que no nos estamos volviendo locos, sino que tenemos un problema de dependencia emocional.

* Herramientas que nos permitan salir de allí, que podamos utilizar en los momentos de extrema necesidad y que nos ayuden a mantenernos alejados de la persona que nos activa la adicción.

Es cierto que hay muchos niveles de dependencia emocional y algunos son mucho más graves que otros, pero en todos ellos se sufre enormemente.

Quisiera remarcar que la padecen tanto hombres como mujeres, aunque en mi experiencia el porcentaje es diferente. He tratado a un 70 % de mujeres y a un 30 % de hombres, pero, aunque para agilizar la lectura en muchas ocasiones está escrito en femenino, en ningún caso querría que se entendiera que los hombres siempre son las partes tóxicas o las mujeres las víctimas que se enganchan a relaciones dañinas. Os aseguro que no es así. Es bien sabido que estoy muy sensibilizada con todos los hombres que sufren en relaciones que les destruyen y comparto a menudo vídeos e información dirigida a ellos.

Lo que está claro es que la dependencia emocional es un vínculo tóxico y muy destructivo que se genera entre dos personas. Se puede dar en diferentes tipos de relaciones: madre e hijo, entre hermanos, entre amigos, etc., pero en este libro nos centraremos en los casos de dependencia emocional en la relación de pareja y partiremos de la siguiente idea que como punto inicial deberíamos tener clarísima.

Una cosa es sentir que elegimos al otro; nos levantamos cada día por la mañana, le miramos y nos decimos a nosotros mismos: «Le sigo eligiendo por varios motivos, porque hace que mi vida sea mejor, porque me llena, porque me hace feliz estar con él, porque "suma" a mi vida», etc.

Otra muy distinta es sentir que estoy con él porque me aterra la idea de estar sola, porque sola no voy a poder salir adelante, porque no seré capaz de continuar con mi vida y seguir creciendo, porque le necesito.

Hay que tener muy clara la diferencia entre elegir y necesitar.

Elegir es ser libre, es tener el poder, el control de tu vida. Es confiar, es sentirte capaz, es no dejar que el miedo te paralice.

Necesitar, en cambio, es estar atrapado, es ser dependiente, es estar controlado y no confiar en uno mismo.

Cuando hay dependencia emocional no eliges al otro. Estás con él porque no te sientes capaz de estar sin él.

La intención de este libro es que todos aquellos que la han perdido puedan recuperar esa capacidad de elección y empiecen a construir, así, relaciones de pareja sanas y satisfactorias.

La intención de este libro es que logremos tomar conciencia de si estamos en una relación de pareja sana o tóxica, y que aprendamos a distinguir entre amor y adicción. A menudo creemos que toleramos ciertas conductas porque amamos mucho o demasiado al otro. Amar demasiado no existe, o se ama o no se ama. Si sentimos que amamos demasiado, no hay duda de que eso no es amor, es dependencia. En este libro vamos a analizar bien qué es, cómo identificarla y, lo más importante, cómo superarla para evitar así que se vuelva a repetir.

# CAPÍTULO 1

## LA RELACIÓN DE
# PAREJA

*El amor es un sentimiento que avala la capacidad para disfrutar juntos de las cosas, y no una medida de cuánto estoy dispuesto a sufrir por ti, o cuánto soy capaz de renunciar a mí.*

JORGE BUCAY

Los seres humanos somos seres sociales y como tales, necesitamos relacionarnos con otras personas, establecer vínculos con los demás. Entre todas, la relación de pareja es sin duda la más importante para nosotros, la que puede darnos o quitarnos más al mismo tiempo, dependiendo de si funciona correctamente o no.

Actualmente, la mayoría de las personas que acuden a consulta en los centros psicológicos lo hacen porque están viviendo relaciones disfuncionales con su pareja que les van deteriorando poco a poco. Algunas veces somos conscientes de ello y tenemos claro cuál es el motivo de nuestra infelicidad, pero otras muchas no. Lo que normalmente ocurre es que nos sentimos mal y no sabemos identificar qué es lo que está fallando en realidad. Somos víctimas de relaciones amorosas inadecuadas y no nos damos cuenta ni sabemos qué hacer. Nos hemos acostumbrado a nuestra vida, la vemos normal y no entendemos por qué cada día estamos peor.

Nadie nos enseña nada sobre la relación de pareja cuando estamos creciendo y esto, en mi opinión, debería ser una asignatura obligatoria. Al igual que nos deberían enseñar a fortalecer nuestra autoestima (ya hablaremos de ello más adelante), también necesitaríamos formación sobre la pareja y sobre los límites del amor. Amar no significa sufrir, y eso que parece tan obvio, a la mayoría se nos olvida con demasiada facilidad. Cuesta mucho encontrar personas que tengan una postura realista frente al tema del amor.

Cada uno de nosotros llegamos a la edad adulta con unos parámetros de lo que es normal y lo que es inaceptable, en función de lo que hemos vivido en nuestras familias durante la infancia. Nuestros límites serán más o menos firmes en función de los patrones que hayan mantenido nuestros padres. Si yo he visto a mi padre tratando mal a mi madre, y a ella luego quitarle importancia y seguir como si nada, cuando yo tenga una relación es posible que si me tratan mal, lo deje pasar. Lo más probable es que no sepa poner límites y decir no cuando sea necesario hacerlo.

Nuestra infancia es determinante para nuestra autoestima y nuestra autoestima será determinante a la hora de buscar y crear una relación de pareja sana.

Si padecemos estos condicionantes y no disponemos de demasiada información al respecto, lo más habitual es que las relaciones de pareja no funcionen. Y si no funcionan, dado que ocupan una parte tan importante de nuestra vida, empezamos a sentirnos mal. Nuestro cuerpo empieza a generar síntomas que entorpecen el ritmo frenético de nuestra vida diaria. Empezamos a darnos cuenta de que no estamos bien, de que nos encontramos mal: estamos muy nerviosos, apenas dormimos, lloramos cada día, tenemos muchos pensamientos negativos, no nos sentimos felices, etc.

¿Qué hacemos?

Algunas personas que no tienen ni idea de lo que les puede estar ocurriendo, ante la duda, deciden ir al médico de cabecera. Una vez allí, debido al poco tiempo que tienen para atenderlas, lo más probable es que les receten ansiolíticos y/o antidepresivos, o que las deriven al psiquiatra, quien será el que les recete dichos ansiolíticos y/o antidepresivos. Su objetivo es únicamente rebajar los síntomas del paciente. Pero eso no soluciona en nada el problema que está padeciendo. Es como si tuviéramos una herida y nos pusieran un parche encima para que ya no la viéramos y no nos quejáramos más. ¿Nos curaría esto? No. Debemos mirar la herida, tratarla con cariño, desinfectarla y aplicar lo necesario para que se vaya cerrando poco a poco. Solo así se va a curar correctamente.

Con los síntomas de la dependencia afectiva pasa lo mismo. No sirve de nada que los tapemos con una pastilla para que no hagan ruido y no molesten. Si han aparecido es porque tenemos un problema y solamente mejoraremos de verdad si lo resolvemos. Y esto solo se puede hacer con una terapia adecuada.

Es increíble, pero en nuestra sociedad, los ansiolíticos y los antidepresivos se han convertido en el ingrediente básico de nuestra dieta. La verdad es que es un hecho dramático, sobre todo cuando son recetados por problemas en la relación de pareja. En la consulta puedo comprobarlo a diario y os aseguro que el 90 % de las personas que veo por primera vez llegan con la receta en el bolsillo y hace tiempo que los están tomando. Evidentemente, siguen estando mal a pesar de tener menos síntomas. De todos ellos, solo un 10 % de los casos de medicación están justificados.

Otras personas son más conscientes de lo que subyace en su malestar y decidirán ir a un psicólogo. Si es un especialista en problemas de pareja, es probable que reciban la ayuda necesaria para solucionar las dificultades que les está generando todo su malestar interno.

Lo que hay que tener muy claro es que debemos aprender a estar bien solos. Debemos saber estar a solas con nosotros mismos y sentirnos bien, tranquilos, a gusto. Si en un momento determinado decidimos elegir a otra persona para compartir nuestro día a día, tiene que ser porque con ella estamos igual o mejor que cuando estábamos solos. Por otro lado, debemos partir de la base de que solos estamos bien, que sabemos estar con nosotros mismos, ocuparnos de nuestro tiempo, tener cosas que hacer, cuidarnos, divertirnos y atendernos sin la necesidad del otro. Si solos estamos bien y elegimos a otra persona para compartir nuestra vida y pasamos a estar mal, no tiene ningún sentido que alarguemos la relación. Y si elegimos a otro porque sentimos que no podemos estar solos o no sabemos relacionarnos con nosotros mismos, entonces es muy probable que empecemos a estar mal y que en la mayoría de los casos generemos una dependencia afectiva.

Debemos aprender a diferenciar entre las relaciones de pareja sanas y las tóxicas, y apostar siempre por nuestro crecimiento y bienestar. Cuando nos damos cuenta de que no estamos bien, deberíamos irnos de inmediato, pidiendo ayuda si es necesario y haciendo un trabajo con nosotros mismos para procesar y comprender todo lo que nos ha enseñado aquella experiencia.

# RELACIONES DE PAREJA SANAS

*Quiero amarte sin asfixiarte, apreciarte sin juzgarte, unirme a ti sin esclavizarte, invitarte sin exigirte. Dejarte sin sentirme culpable, criticarte sin herirte y ayudarte sin menospreciarte. Si puedo obtener lo mismo de ti, entonces podremos realmente encontrarnos y enriquecernos mutuamente.*

VIRGINIA SATIR

Demasiado a menudo, palabras como las de Virginia Satir nos parecen desmesuradas. Estamos tan acostumbrados a sufrir en las relaciones que eso suena a «perfección», y como tal, creemos que no puede existir. Sin embargo, las relaciones que funcionan y en las que los dos son felices y sienten que crecen juntos, viven según esa descripción. Sienten que no necesitan al otro, que pueden estar sin él, pero que junto a él se está mejor, se sienten más llenos. Sentir que el otro aporta a mi vida positividad, que junto a él imperan la paz y el bienestar, que estoy tranquila y serena, es básico. Todo lo contrario a esto es señal de problemas. Y si casi nunca nos sentimos así, es que no estamos en el lugar correcto, de eso no hay duda.

Lo normal debería ser que junto a nuestra pareja nos sintiéramos bien la mayor parte del tiempo, relajados y tranquilos; no con ansiedad, estrés o pensamientos negativos recurrentes. Debemos encontrar en la relación ingredientes como el amor, la admiración, el compromiso, el respeto, la honestidad o la confianza, y nuestra pareja debería encontrarlos también en nosotros.

Una relación de pareja sana implica dar y recibir. En una pareja, la idea de dar sin esperar o recibir nada a cambio, no funciona. Quizás era una idea a la que estaban acostumbrados en generaciones anteriores, pero ya no se entiende así. No es así. Un amor incondicional de ese tipo solo puede darse entre una madre o un padre y su hijo, pero en una relación de pareja, jamás. Tu pareja es alguien a quien tú eliges, es uno entre todo el mundo. ¿Para qué darías sin esperar nada a cambio? ¿Por amor? No..., eso no funciona así. El amor surge precisamente de la admiración, del compromiso, del deseo, del compartir, del respeto, de la honestidad, de la confianza..., sin esas virtudes no va a aparecer como por arte de magia. Eso sucede en las películas o en los cuentos de hadas... pero no en la vida real. Para que funcione bien, hay que dar y recibir a partes iguales. De no ser así, tarde o temprano empezarán los problemas.

Por otro lado, está claro que también en las relaciones sanas habrá conflictos, desavenencias, puntos de desacuerdo y discusiones. Pero esto jamás nos tendría que alejar, sino al contrario. Si sabemos gestionar los puntos de desajuste de manera adecuada, nos vamos a hacer más fuertes como pareja y nos acercaremos cada día más.

Siempre digo lo mismo: una relación de pareja tiene que ser fácil. En ella tenemos que fluir. No debería ser una lucha (como creen tantas personas). A veces no nos damos cuenta, pero en nuestro interior pensamos: «Tengo que esforzarme en hacer lo que él desee para que me quiera», «Tengo que hacer lo que sea para que me valore y que nunca me deje».

Esto es, sin duda, un gravísimo error.

Luchar, esforzarse, ¿para que me quiera?, ¿para que me valore?

La pregunta debería ser: «¿Por qué está conmigo si ni me valora ni me quiere?».

Y cuidado, que no estoy diciendo que en una relación no haya problemas ni que todo sea un camino de rosas, pero lo que sí afirmo es que no tendría que ser un camino de espinas ni la principal fuente de sufrimiento de nuestra vida. Tenemos que pensar en el otro y desear hacerle feliz, cuidarle, pero nunca si esto implica dejar de ser quienes somos.

La relación de pareja normalmente ocupa el espacio más importante de nuestra vida y, por lo tanto, debería producirnos bienestar. Debería ser nuestro pequeño oasis íntimo y personal, y no un seísmo recurrente y devastador.

La comunicación es uno de los ingredientes básicos que debe haber siempre, sin excepción. Comunicarnos de una manera sensata, transparente y honesta con el otro hará posible la creación de un vínculo muy fuerte y poderoso entre nosotros. He visto muchos casos en los que cuando hay algún problema grave, uno se cierra y no quiere hablar de lo que ha sucedido (ya sea un tema laboral, una infidelidad o una decepción), generando en el otro un aumento de la ansiedad que es muy destructivo. Esto, sin duda, si no se enfrenta con cariño por parte de los dos, puede acabar dañando la relación de manera definitiva e irreparable.

Como decíamos, es importante saber gestionar los problemas que surjan (siempre los habrá) y los puntos de desajuste. Discutir es bueno, es sano, siempre que sea de una manera respetuosa y constructiva. Pero es muy importante que cuando hay una discusión sobre algo que disgusta a uno de los dos o se hace una crítica del otro, ese tema no vuelva a surgir más, que no sea un escollo reiterativo y habitual. No deberíamos tener la sensación de que estamos discutiendo siempre por lo mismo, porque, de ser así, significaría que no estamos gestionando nuestros problemas de la manera adecuada. Es decir, debemos:

* Hablarlo abiertamente.
* Sentir que comprendemos lo que siente el otro.
* Sentir que el otro comprende lo que sentimos nosotros.
* Llegar a un punto de acuerdo en el que los dos nos sintamos cómodos. Es básico que cuando nos adaptemos al otro no sintamos que estamos dejando de ser nosotros mismos.

Esta es la manera de seguir creciendo y de evitar que algo negativo se vuelva recurrente.

En mi consulta veo a demasiadas personas que me explican que con su pareja están siempre dando vueltas a los mismos problemas, con las mismas discusiones por los mismos temas, una y otra vez... Y la verdad es que esto me parece absolutamente agotador. Y absurdo. Acostumbran a ser discusiones precisamente por no aceptar al otro, por reprocharle que haga esto o por no comprender por qué hace o dice lo otro. Por no dejarle ser quien es.

En una relación de pareja sana:

* Yo puedo ser yo misma y por ser quien soy, mi pareja me quiere. No tengo que esforzarme para que el otro me ame. Me esforzaré por otras cosas, pero no para convencer, ni para conseguir su amor. Esto tiene que surgir. Luego, los dos tendremos que poner de nuestra parte para seguir alimentando y dando vida a ese vínculo.

* Debe haber admiración y reconocimiento hacia el otro. Tenemos que ver sus cualidades y reconocerlas.

* Debemos sentir que recibimos del otro lo que consideramos imprescindible en una relación de pareja, en función de cómo somos cada uno y de lo que buscamos en nuestra pareja.

* Sabemos que el otro nos apoya y nos anima para que consigamos nuestros sueños y objetivos (nunca al revés).

* Construimos un espacio de crecimiento, de compromiso y de conciencia. Jamás un lugar de discusiones constantes y recurrentes ni de tristeza habitual.

* No nos planteamos dejar la relación. Habrá puntos de desacuerdo, pero si podemos hablarlos de una manera respetuosa y madura, nos permitirán acercarnos más al otro. Si vivimos un conflicto que no sabemos resolver, pero creemos en nosotros, pediremos ayuda para solucionarlo, desde el amor y el compromiso que sentimos.

* Nos sentimos respetados por el otro en todo momento, con sus actos y con sus palabras.

* Cada uno debe cuidarse a sí mismo, sin dejar de mirar al otro.

# La receta de un amor sano

❋ **Deseo.** Ha de existir pasión, sexo y erotismo, necesarios en una relación, que generará momentos de intimidad y máximo acercamiento. Si uno de los dos tiene un problema de deseo sexual o alguna disfunción, es necesario pedir ayuda, porque de no hacerlo esto puede acabar desencadenando una ruptura. Que los dos sientan que tienen una vida sexual plena y satisfactoria con el otro es muy importante en una relación de pareja.

❋ **Amistad.** Nuestra pareja debería ser nuestro mejor amigo, con quien sintamos una confianza absoluta. Alguien con quien compartir, a quien admirar y en quien apoyarse si es necesario. Un ser incondicional que se alegra de nuestros éxitos y nos abraza cuando nos sentimos desolados. Alguien con quien podemos comunicarnos, ser honestos y recibir lo mismo por su parte.

❋ **Propósito común.** Debemos tener un propósito de vida en común, sentir que miramos hacia la misma dirección. Hacer planes, implicarnos, avanzar de la mano y ver que pasamos a la acción. Es importante que este propósito no se quede en ideas y en planes que no se materializan nunca, porque en ese caso se acabarían marchitando. Hay personas que pasan años esperando a que su pareja decida que es el momento de dar ese paso con el que llevan tanto tiempo soñando. Si no fuera por el otro, seguramente ya lo habrían llevado a cabo mucho antes, pero es posible que terminen por no hacerlo. Cuando se trata de cosas importantes para uno de los dos, el hecho de renunciar inconscientemente a ello nos va apagando, nos va quitando vida, ilusión, y poco a poco vamos olvidando el sentido de nuestros días.

❋ **Valores.** Nuestros valores son nuestros principios básicos, aquello con lo que nos identificamos en la vida, que nos da sentido y dirección. Reflejan nuestros sentimientos y convicciones más importantes. En una relación, nuestros principales valores deberían coincidir con los del otro, ya que de no ser así, podéis estar seguros de que será motivo de discusiones tormentosas y que difícilmente llegarán a buen puerto. Acostumbramos a ser inflexibles con nuestros valores. Por ejemplo, si para mí la familia es un valor muy importante, no podré estar bien con una pareja que no la acepte, que hable mal o que me impida estar con ella. Puede que yo lo consienta durante un tiempo, pero si lo hago, no voy a ser feliz, de eso no hay duda. Sentiré un vacío enorme en mi interior, y mi tristeza se hará cada día más evidente y perceptible.

❋ Compromiso. Implica cerrarse mentalmente a otras personas, poner todo de nuestra parte para que la relación funcione. Y eso no significa tener que casarnos ni jurar delante de nadie que vamos a estar con él durante toda la vida (hacer esto sería totalmente irracional), sino tener la seguridad de que el otro está ahí y que no va buscando consciente o inconscientemente a otra persona que nos sustituya. Percibir este compromiso en el otro irá fortaleciendo y aumentando la confianza entre nosotros, la cual es absolutamente esencial, y que está presente en cada uno de los ingredientes ya mencionados.

❋ Transparencia. Los secretos que afectan directamente a la relación de pareja no deberían ser aceptados. Cuando uno hace una pregunta, el otro debe responder en todos los casos, aunque no quiera profundizar en el tema en ese momento. El hecho de necesitar saber algo, y que el otro se encierre y no responda, genera en nosotros ansiedad y aumenta enormemente nuestra inseguridad.

Si una relación funciona bien, no hay duda de que estos ingredientes están presentes en su día a día. Así debería ser siempre, a pesar de que con demasiada frecuencia, las relaciones no encajan con esta descripción.

Aprovecho que estamos abordando este tema para incluir un texto sobre lo que es el amor sano en una relación de pareja según el filósofo y psicólogo alemán Erich Fromm, extraído de su maravilloso libro *El arte de amar.* No deberíamos olvidarnos jamás de estas ideas.

1. El amor requiere conocer a la otra persona, requiere tiempo, requiere reconocer los defectos del ser amado, requiere ver lo bueno y lo malo de la relación. No quiere decir que enamorarse no es bueno, al contrario, es maravilloso. Sin embargo, es solo el principio.

2. Muchas personas son adictas a estar enamoradas. Terminan sus relaciones cuando la magia de haber conocido a alguien nuevo desaparece, cuando empiezan a ver defectos en la otra persona y a darse cuenta que no es tan perfecta como pensaban.

3. El amor sano no es ciego. Cuando amas a alguien puedes ver sus defectos y los aceptas, puedes ver sus fallos y quieres ayudarle a superarlos. Al mismo tiempo, la otra persona ve tus defectos y los entiende.

4. El amor sano está basado en la realidad. No en un sueño de que encontraste a tu príncipe azul o a tu princesa encantada.

5. Encontraste a una persona maravillosa, de acuerdo, pero no es perfecta ni tú tampoco. Encontraste a tu alma gemela, pero también los gemelos discuten y también tienen diferencias.

6. Amar es poner en una balanza lo bueno y lo malo de esa persona y después amarla. El amor es una decisión consciente.

7. Muchas veces oímos de personas que dicen que aman a alguien y que no pueden evitarlo. Qué se supone que es..., ¿una cuestión de suerte? ¿Es una cuestión de magia? ¿Se supone que alguien más tiene poder sobre nosotros?

**8.** De ninguna manera. Puedes sentir una gran admiración por alguien, puedes desear tener una relación con alguien, puedes estar muy agradecido por lo que alguien ha hecho por ti, pero... no le amas.

**9.** El amor nace de la convivencia, de compartir, de dar y recibir, de intereses mutuos, de sueños compartidos. Tú no puedes amar a alguien que no te ama, o que no se interesa en ti. El amor verdadero es recíproco.

**10.** Recibes tanto como das.[1]

En definitiva, a veces creemos que amamos a otro que, a su vez, nos demuestra que no nos ama. La conclusión, que no deberíamos olvidar jamás, es la siguiente: no puedes amar a alguien que no te ama.

En mi opinión, este texto es sublime y nos ayuda a comprender muy bien lo que es y lo que no es el amor en una relación de pareja, de una manera clara y realista. Si dos personas tienen un vínculo sano y fuerte, es porque dan y reciben a partes iguales, porque se respetan, porque se admiran, porque la manera de pensar y de actuar de uno le da confianza al otro, porque se comunican desde la honestidad y la transparencia, y porque comparten la misma visión sobre las cosas importantes de la vida.

Si estamos en una relación que no funciona de esta manera, debemos preguntarnos si lo que falla se puede modificar, si podemos hacer algo para que funcione correctamente. No hay que olvidar que una relación de pareja es cosa de dos y siempre es así. Nunca la culpa o la responsabilidad de que aquello no fluya es a causa de uno solo. Puede que mi pareja no me respete,

---

1    Erich Fromm, *El arte de amar*, Barcelona, Paidós, 2008.

pero eso no le convierte en causante de mi infelicidad. Lo es en un 50%, ya que el otro 50% es mío, por permitirle que me trate de ese modo. Eleanor Roosevelt pronunció una frase que ha pasado a la historia: «Nadie puede hacerte sentir inferior sin tu consentimiento». Realmente es así, puesto que si no te gusta lo que recibes o lo que estás viviendo, siempre puedes hacer algo para generar un cambio. Deberemos aprender a decir no y a poner límites en nuestras relaciones. De no hacerlo, estamos en peligro de adentrarnos en relaciones cada vez más tóxicas y de las que nos puede costar mucho salir.

# RELACIONES DE PAREJA TÓXICAS

*Cuando estás en una relación y te das cuenta de que el otro, pudiendo evitar un poquito de tu dolor, no lo hace, es porque se ha terminado.*

JORGE BUCAY

Es bien sabido que toda relación de pareja empieza con una fase inicial de enamoramiento en la que todo nuestro sistema se altera. Sentimos la felicidad en cada poro de nuestra piel, nuestro corazón parece que late con más energía que nunca y difícilmente conseguimos que nuestros pensamientos dejen de focalizarse en la persona en cuestión. Tenemos dificultades para dormir, perdemos el apetito y todo lo que vemos en el otro es fantástico y maravilloso, todo parece perfecto.

Esta es la cara de dicha fase, pero obviamente también hay una cruz. Se trata de la falta de perspectiva que normalmente acompaña al enamoramiento. Debido a todos los cambios bioquímicos que se producen en nuestro interior, perdemos el norte. No pensamos en observar objetivamente a esa persona para ver si es en realidad lo que buscamos o no, si es el tipo de individuo que queremos para compartir nuestra vida, para empezar un camino juntos. Y esto es algo que deberíamos hacer siempre. Tampoco se trata de no disfrutar de ese período por tener que estar observándolo todo, pero sí que deberíamos esforzarnos por no desconectarnos totalmente de la parte racional de nuestro cerebro. La que analiza todo lo que sucede a su alrededor, evaluando si esa persona encaja o no con las perspectivas vitales y los valores con los que nosotros nos identificamos.

Solo si elegimos al otro desde la conciencia, podremos ir comprobando qué hay más allá de esta primera fase de locura pasajera. De no hacerlo así, tendremos un altísimo porcentaje de probabilidades de que en pocos meses nos encontremos inmersos en una relación tóxica, y si generamos dependencia emocional, nos puede costar mucho salir de ella.

Para elegir con conciencia, tendrían que darse dos puntos muy importantes:

1. **Plantearnos previamente qué es lo que buscamos en el otro.** Cuáles son las características, valores..., esos aspectos que para nosotros es imprescindible encontrar en la pareja. Se trata de saber realmente cuál es nuestro «ideal», y ver si esa persona encaja o no con él. No nos engañemos: no hay un ideal absoluto, todo el mundo tendrá cosas que no nos gustarán. Lo importante es que aquello que más valoramos en otra persona, aquello que para nosotros es vital, lo encontremos en nuestra pareja.

2. **Una vez que tengamos claro el primer punto, deberíamos adentrarnos en la relación, intentando mantener los pies en el suelo.** Es decir, por mucho que «en apariencia» nos guste todo del otro, es muy frecuente que

en esta etapa toleremos y aceptemos palabras, acciones o actitudes que normalmente no nos gustan o no encajan con nosotros. Y no encajan porque no están en sintonía con nuestros valores, con el tipo de persona que queremos encontrar.

Imagínate que has vivido una crisis económica importante en tu familia. Para ti, ahorrar y administrar bien el dinero es muy importante, ya que de otro modo te sientes muy insegura y sufres ansiedad. Si eliges a una pareja que no concede valor al dinero, que gana cien y gasta ciento cincuenta, y que no le da ninguna importancia a quedarse en números rojos a final de mes, seguramente eso se convertirá en un problema grave entre vosotros.

Si a uno le gusta el cine y al otro el teatro, eso no es grave. Pero si no pensamos igual en lo que respecta a la educación de nuestros hijos o al estilo de vida que queremos llevar de ahora en adelante, esto sí que nos va a ir distanciando y haciéndonos sentir peor cada día.

Por ello, cuanto antes seamos conscientes de todas estas diferencias y analicemos si son importantes o no para nosotros, para la relación y para nuestro futuro, más fácilmente lo podremos controlar y podremos hacer algo al respecto.

Siempre les insisto a mis pacientes en que tendríamos que sentir que a nuestra pareja la seguimos eligiendo cada día, pero en realidad hay dos elecciones que son totalmente decisivas.

La primera vez que elegimos es cuando decidimos empezar una relación con alguien. A partir de ese momento, nuestra tarea principal es ir descubriéndole, ir conociendo cómo es, cómo funciona, etc. Si vemos que encaja, que a medida que le conocemos mejor nos va sorprendiendo de manera positiva, cuando hayamos visto sus virtudes y también sus defectos, si nos sigue gustando de verdad, le elegiremos de nuevo. Es en este punto, la segunda vez que le elegimos, cuando empezará la relación de verdad desde un nivel más profundo. A partir de este momento es cuando aparece el amor racionalmente sano. Si, en cambio, al haberlo conocido más vemos que no es lo que buscamos, que no nos hace sentir bien ni nos trata como esperamos que lo haga e incluso así seguimos con él, aparece el amor irracional y tóxico.

Os aseguro que, al contrario de lo que muchos debéis estar pensando, ya desde el inicio de la relación vemos detalles en el otro que no nos gustan, que no encajan con lo que buscamos. De hecho, cuando hablas con una persona que vive en una relación tóxica, siempre te dirá cosas como: «Si en los primeros meses ya veía que tenía esas reacciones tan raras...», «Si le hubiera parado los pies la primera vez que me dijo...», «Me acuerdo cuando estábamos con los amigos y me trató de aquella manera que me hizo sentir tal mal...».

En general, hablamos de una relación de pareja tóxica cuando:

* **Tu pareja no te trata bien,** te habla mal, te insulta, te humilla, te menosprecia, te falta al respeto. Estos serían los casos más claros de maltrato psicológico.

* **No te valora,** no te admira, no ve en ti ninguna virtud y te lo dice.

* **Te miente,** te oculta cosas, no es sincera contigo.

* **Te pasas más días llorando desconsoladamente y sintiéndote impotente,** de los que te pasas sintiéndote plena y feliz a su lado.

* **Su manera de ser o de comportarse con los demás te genera ansiedad.**

* **A su lado dejas de ser tú,** te anulas, pierdes tu esencia porque te obsesionas en ser lo que crees que espera que seas.

* No te sientes realizada como persona. No haces lo que de verdad te gusta a ti, lo que te hace feliz.

* No tenéis proyectos en común, deseados de corazón por los dos, no compartís aficiones, ilusiones...

* No miráis en la misma dirección.

* Te dice lo que tienes que hacer, cómo te tienes que vestir, hablar, comportarte, te juzga, te critica, te anula...

* Cuando intentas comunicarte con tu pareja, para que comprenda tu punto de vista y acepte también su parte de responsabilidad, no llegas a ningún resultado. No acepta nada y te sigue diciendo que todo es culpa tuya (por tus celos, por tu inseguridad, por tu falta de autoestima, por tu debilidad, por tu dejadez, etc.).

* Si te paras a analizarlo y lo razonas, ves claro que tienes que cortar la relación, aunque sientes que no puedes, que no eres capaz de hacerlo, de estar sin esa persona.

* Si habéis dejado la relación reiteradas veces (hay muchos casos en los que uno incluso pierde la cuenta) y sientes que lo único que sigue manteniéndola con vida es el sabor dulce de cada reconciliación, aunque tú bien sabes que una relación no puede alimentarse solo de reconciliaciones.

Si te sientes identificado o identificada con estos puntos, deberías irte corriendo. Si no te sientes capaz y sigues esforzándote en convencerte de que aquello puede funcionar, es que sufres dependencia emocional. Sé que de entrada el hecho de dejar la relación parece imposible o demasiado difícil o completamente inaceptable, pero no te preocupes, sigue leyendo y seguro que con cada página lo verás todo un poquito más claro.

## ¿Cuál es el principal problema?

Creer que va a cambiar. Este pensamiento es como un virus que nos va destruyendo. Jamás deberíamos empezar una relación de pareja ni apostar por ella con la esperanza inicial de que cambie esto o aquello.

Si lo hacemos, ya estamos empezando de la peor manera posible. Y os aseguro que esta es una idea que tendríamos que recordar siempre.

Si elegimos al otro, tiene que ser precisamente porque nos gusta cómo es, con sus virtudes y sus defectos (evidentemente), pero teniendo claro que aquello que no nos gusta y para nosotros es importante puede acabar afectando al equilibrio en la relación.

Se trata de una elección, y como tal, debemos hacerlo con conciencia y conocimiento. Es como si tuviéramos que ir con algún especialista para solucionar un problema y nos decidiéramos por alguien que no encaja con lo que buscamos. ¿No nos inclinaríamos antes por aquel que coincida con lo que queremos? Si nos dan a elegir entre dos médicos, uno experto en nuestra dolencia y otro que sabe de todo un poco, ¿con quién nos quedaríamos? Está claro que cualquier persona elegiría al que sepa más sobre aquello que le ocurre. Entonces, ¿por qué con las parejas no hacemos lo mismo? Se trata de la relación más importante para nosotros, con quien queremos compartir y llegar a niveles de máxima intimidad, confianza y apertura. ¿Por qué en este caso a menudo elegimos a alguien que no encaja, y luego esperamos que cambie? ¿Acaso elegiríamos a un médico que no sepa de nuestro problema, esperando que aprenda sobre ello algún día?

Es increíble y sorprendente, pero sí. Esto es lo que hacemos con mayor frecuencia. Optar por personas que no encajan con lo que buscamos. En definitiva, lo que hacemos es elegir mal. Nos quedamos con la persona inadecuada para nosotros. Y con esto no estoy diciendo que no podamos cambiar. Lo que ocurre es que uno cambia si quiere. Cuando el cambio que esperamos es en el otro, depende del otro. Si él no quiere cambiar, no lo hará jamás. Si nos dice que sí, que va a cambiar, pero cuando hay que pasar a los hechos no hace absolutamente nada, no cambiará. Y si lleva cinco años prometiendo una mejora que jamás ha ocurrido, deberíamos aceptar la realidad que tenemos ante nuestros ojos. No se trata de intentar cambiar al otro, no se trata de que el otro jure que va a cambiar. Se trata de observar, y a partir de lo que veamos, decidir.

Imagina que tengo un problema con mi pareja y no somos capaces de solucionarlo solos. Los dos decidimos pedir ayuda a un especialista, que nos propone unos ejercicios, y los dos estamos igual de motivados para hacerlos, los dos nos implicamos con el mismo empeño. Entonces compruebo que él tiene un interés real en que aparezca ese cambio. Pero si acepta ir a terapia porque yo se lo suplico o porque le doy un ultimátum, va a la primera sesión y no encuentra nunca el momento para seguir las pautas que nos han propuesto ni hace amago de volver de nuevo, entonces me está demostrando que por mucho que diga, no tiene interés en hacer ningún cambio. Y por último están los que dicen que no necesitan ninguna ayuda y no demuestran ningún detalle de cambio. No podemos seguir en esa relación solo porque el otro diga que va a cambiar. Eso no tiene ninguna validez. Debemos fijarnos en los hechos, ya que al final serán los únicos que nos van a dar una información real de lo que hay y de lo que seguramente seguirá habiendo.

Incluso hay casos en los que después de un camino de lo más triste y tortuoso, después de haber sufrido mucho durante tanto tiempo, me dicen: «¿Y si le dejo y luego, finalmente, cambia?». Tenemos miedo de que entonces «se lo lleve» otra, cuando en realidad deberíamos alegrarnos por él y por nosotros. Quizá tendemos a creer que todo lo que hemos pasado tiene que servir para algo. Creemos que lo sufrido ha hecho que el otro vaya cambiando, se vaya acercando a lo que nos gustaría que fuera (aunque no haya nada más lejos de la realidad, claro), como si ya estuviera a solo un paso de dejar de ser lo que es y que de repente todo pueda funcionar y la relación se transforme en algo maravilloso, sano y equilibrado.

Lo primero que tenemos que hacer es dejar de engañarnos y aceptar lo que hay, lo que fue y lo que será.

En una relación, debe haber una aceptación total del otro.

## ¿Aceptas a tu pareja tal como es?

También puede suceder lo contrario... Machacas continuamente a tu pareja para que cambie, para que sea de un determinado modo o haga las cosas de esa otra manera que a ti te parece que es mejor.

Si no es lo que yo quiero, si tiene partes importantes que no me gustan, debo seguir mi camino hasta que encuentre a la persona adecuada para mí. A su vez, la otra persona podrá encontrar a alguien que la acepte tal y como es, y que la deje ser ella misma. Esto es lo que deberíamos hacer si partimos de una buena autoestima, si tenemos claro que debemos buscar lo que queremos de verdad y que encontrarlo es posible, si sabemos que podemos estar solos, que no necesitamos a nadie para seguir adelante.

Sin embargo, lo que solemos hacer es lo siguiente:

* Elegir a alguien, generalmente la primera persona que se cruza en nuestro camino y que tiene algo que nos atrae. O dejar que sean los demás los que nos elijan y quedarnos con el primero que muestra interés en nosotros.

* Intentar que cambie todo aquello que vamos descubriendo y no nos gusta, para que se convierta en lo que nosotros queremos que sea. Que se transforme en la persona que realmente estamos buscando.

Este proceso es ideal para conducirnos por la vía más rápida a lo que será una relación de pareja tóxica y destructiva.

Veamos el siguiente cuadro.

# LOS CINCO PILARES BÁSICOS

Una relación de pareja tendría que ser un espacio para crecer tanto individualmente como con el otro. Debería haber unos pilares básicos que son comunes: admiración, confianza, respeto, aceptación y comunicación.

En mi opinión, estos cinco ingredientes han de estar siempre para que la relación tenga posibilidades de crecer de manera sana y equilibrada, y para que las dos personas sientan una clara armonía entre ellas.

Primero debe haber respeto por el otro, como ser humano que es. Después, a medida que vayamos descubriéndole, con su manera de ser y comportarse, si encaja con nuestros valores, empezaremos a admirarle y se irá generando la confianza. Cuando surjan puntos de desencuentro, si nuestra comunicación es abierta y respetuosa, podremos comprendernos el uno al otro y eso nos acercará aún más. Debemos sentir que le aceptamos completamente. Si esto se da y recibimos lo mismo del otro, aparecerá el amor. Si no concurren estos ingredientes, por favor, no te engañes, el amor no puede aparecer de ninguna manera.

En la consulta veo con mucha frecuencia personas que viven su relación de pareja como una lucha debido a que uno de estos cinco pilares no está presente. No te sentirás estable ni seguro porque te faltará algo esencial.

¿Te imaginas una relación en la que, por mucho amor que creas que sientes, no confías en el otro, crees que te va a engañar, a traicionar, a fallar? ¿Cómo vas a estar bien y a encontrar el equilibrio con la ansiedad que esa carencia te va a provocar?

Imagina ahora una relación sin una aceptación total del otro. Este suele ser el pilar que más a menudo falta cuando se genera una dependencia emocional.

¿Concibes una relación en la que no puedas hablar con él? ¿En la que cada vez que surja un conflicto, o que haya algo que te hace sufrir, el otro se aísle y te diga que no quiere hablar y que le dejes en paz? Si tú necesitas hablar (como la mayoría de nosotros), esa imposibilidad te va a generar frustración y ansiedad. Una combinación nada buena para tu salud.

Te voy a hacer una pregunta...

## ¿Te gusta cómo es tu pareja?

Bueno, sí... Ya sé que ahora vas a esforzarte en buscar todas las cualidades que tiene y por las cuales no le quieres soltar, pero si estás leyendo este manual, quizás es porque la lista de aquello que no te gusta de él es también bastante larga, ¿me equivoco?

Y con todos esos rasgos que no te gustan del otro, ¿le aceptas realmente? Puede que tu respuesta impulsiva sea sí, pero te lo voy a preguntar de otra forma. ¿Te quejas a menudo porque es o se comporta de esa manera concreta, porque hace esas cosas que tan poco te agradan? O quizá no te quejas, pero ¿te molesta? ¿Sientes que estás tolerando comportamientos que no te hacen sentir bien? Quizá lo aceptas aparentemente, para evitar discutir o generar situaciones incómodas, pero ¿cómo te sientes en tu interior? ¿Te sientes bien consintiendo conductas que no te gustan? ¿No te genera más ansiedad?

Te aconsejo que ahora cierres unos instantes los ojos y respondas a las preguntas que te acabo de hacer sinceramente, siendo muy honesto contigo mismo.

En realidad..., los seres humanos somos muy complejos comparados con otras especies, pero entre nosotros somos muy parecidos. No hay nada que le pase a uno que no le haya pasado o le esté pasando a muchísimas otras personas.

Aun así, a menudo, cuando sufrimos, tenemos la sensación de que nadie más se siente como nosotros, tan infeliz, tan perdido, tan ansioso, tan incómodo con uno mismo o con el resto de la gente que nos rodea... Estamos desamparados, no sabemos a quién acudir o quién nos va a poder ayudar. Quién nos va a comprender. A veces somos afortunados y tenemos buenos amigos, de esos poquísimos incondicionales con los que sabemos que podemos contar. Pero otras veces, por vivir situaciones que se repiten y repiten, incluso nos incomoda acudir a ellos de nuevo y con la misma historia. A ellos no les importa, porque nos quieren y lo hacen de corazón, pero nosotros necesitamos herramientas, alguna ayuda diferente para romper esa historia sin fin.

Este libro es la herramienta que necesitabas. Te ayudará a comprender lo que estás viviendo, a responder los porqués y a descubrir cómo vencer la dependencia emocional en menos tiempo del que te imaginas. No es fácil, nadie ha dicho que lo sea, pero es posible y si sigues leyendo, sabrás la manera.

# CAPÍTULO 2

# ¿QUÉ ES LA DEPENDENCIA EMOCIONAL?

**C**uando hablamos de dependencia emocional nos referimos a la incapacidad de cortar una relación de pareja, aun cuando es totalmente necesario hacerlo. Es una adicción que genera una necesidad desmesurada e irracional del otro, en la que perdemos nuestra libertad, y por cada minuto de falsa felicidad que pasamos, derramamos demasiadas lágrimas. Queremos mantener esa relación a cualquier precio, aunque estemos sufriendo sin mesura, nos obsesionamos con el otro, nos sometemos a él y nos humillamos hasta el extremo, a cambio de un poco de falsa ternura. La idea de una relación sana y placentera que nos llene y nos haga crecer se va transformando poco a poco en una mera ilusión, en un anhelo que perseguimos, en el que creemos a pesar de que no nos queden ya argumentos tangibles que nos demuestren que aquello es posible.

Nos vamos conformando con una vida que no recordamos haber elegido, nos resignamos con un día a día que no nos hace felices, que no nos hace vibrar, nuestras ilusiones se adormecen y desaparecen, nuestros sueños se evaporan hasta el punto de no estar seguros de si los tuvimos en realidad alguna vez... En definitiva, nos vamos apagando y nuestra imagen se va difuminando poco a poco, hasta que llega un punto en el que te miras al espejo, te observas lentamente y te preguntas: «¿Y tú quién eres?».

Te has perdido a ti misma, has desaparecido en la relación, te has borrado. Eres él, tu mundo es él, todo gira en torno a él. Te cuesta concentrarte, dormir, pensar, ser tú. Y cuando te das cuenta de lo que está sucediendo, a continuación te preguntas: «¿Vale la pena?».

¿Es tan valioso para ti como para renunciar a ti misma a cambio de mantenerte a su lado? Puedo asegurarte que no. Si renuncias a ti, ya nada valdrá la pena porque no vas a disfrutar nada.

Lo que pasa es que cuando llegamos a este punto, nuestra autoestima es ya demasiado baja como para tomar conciencia de nuestro potencial, conectar con nuestra seguridad, nuestras capacidades y seguir nuestro camino en solitario. El miedo nos inunda y nos paraliza, y la simple idea de dejar a nuestra pareja nos impide mover un solo músculo de nuestro cuerpo. Nos damos cuenta de que aquello no es bueno para nuestro bienestar, pero aun así, no podemos pararlo, estamos completamente obsesionados con el otro.

Se trata de relaciones completamente tóxicas y destructivas, que hay que cortar sí o sí, sin excepción. Y aunque cuando las vivimos parece imposible, todos podemos conseguirlo.

La dependencia emocional puede ser unidireccional o bidireccional, es decir, puede sufrirla uno de los miembros de la pareja o los dos. Si son los dos quienes han quedado atrapados, es mucho más difícil salir, porque cuando uno toma conciencia del problema, se fortalece y sale, el otro corre hacia él, y viceversa. En estos casos cuesta mucho más mantener la distancia, ya que ambos continúan alimentando la adicción. Si los pudiéramos observar desde fuera, veríamos a dos personas que se intentan alejar y uno u otro insiste en retomarlo. Vuelven a lo mismo, exactamente las mismas discusiones en cuestión de muy poco tiempo, los mismos reproches, las mismas quejas sobre el otro, todo sigue exactamente igual por mucho empeño que quieran ponerle.

Sin embargo, por suerte, en la mayoría de los casos suele ser uno solo el que vive el apego dañino que lleva consigo la dependencia.

Es habitual que nos sintamos totalmente perdidos, solos, débiles, incomprendidos y con miedo a estar volviéndonos locos. Por este motivo, cuando una persona que siente este tipo de dependencia encuentra información al respecto y consigue ponerle nombre, comprenderla y asumir lo que le está sucediendo, experimenta un grandísimo alivio. Es como la salvación a esa tortura, a ese infierno que le iba destruyendo poco a poco de una forma devastadora.

Saber y comprender lo que nos pasa es, en estos casos, de gran importancia.

# NO ES AMOR, ES DEPENDENCIA

De entrada, hay un punto que debemos tener muy en cuenta y que casi siempre confundimos: si hay dependencia, no hay amor.

Aunque en el momento, cuando estamos en una relación de este tipo, nos repitamos una y mil veces que seguimos allí por el inmenso amor que sentimos el uno por el otro, eso no es cierto.

¿Por qué? Si hay dependencia emocional, sentimos la incapacidad de renunciar a la relación, a pesar de que en un nivel intuitivo (en la parte más sabia de nosotros mismos) sabemos que deberíamos hacerlo.

Deberíamos renunciar a una relación de pareja, para poder apostar por nosotros y por nuestra felicidad:

* Cuando el otro no nos quiere y así nos lo dice, o, aunque no lo afirme claramente, nos lo demuestra con su manera

de actuar y de comportarse con nosotros. Si mi pareja no me quiere y lo veo, tengo que irme.

✱ **Cuando tenemos que renunciar a nosotros mismos para estar bien con el otro.** Cuando dejamos de hacer las cosas que nos gustan, aquello que nos hacía sentirnos realizados como personas, estar felices: salir con nuestros amigos, estar con nuestras familias, trabajar, vestir a nuestra manera, tener nuestras propias opiniones, etc. Si no puedo ser yo, la relación no tiene ningún sentido para mí.

✱ **Cuando nuestros valores no coinciden,** no vemos la vida de la misma manera o no pensamos igual en los aspectos más importantes de nuestro día a día. Cuando no miramos en la misma dirección, no tenemos un proyecto común o sentimos que nos dejamos llevar, pero que no avanzamos hacia ninguna dirección en concreto, y menos juntos. Si en el fondo no sé por qué estoy con él, es que no es la persona adecuada para mí. El que está bien con su pareja y la quiere de una manera sana, sabe por qué.

✱ **Cuando hay maltrato psicológico.** Si nuestra pareja nos humilla, nos ningunea, nos falta al respeto, nos menosprecia, nos manipula, nos controla y nos hace sentir cada día más inseguros, nos está maltratando psicológicamente. Y no deberíamos permitirlo jamás. Son los casos en los que más cuesta salir y más tardamos en darnos cuenta de que estamos cayendo en picado. Acostumbra a pasar que al principio ese trato hacia nosotros nos choca y nos parece mal, no nos gusta. Pero si las primeras veces que ocurre lo dejamos pasar, se va convirtiendo en algo habitual, hasta tal punto que nos acostumbramos a ello, y dejamos de verlo tan grave. Lo normalizamos y vamos perdiendo la perspectiva.

Nos hacemos conscientes de la magnitud de los hechos cuando estamos hablando con alguien y se nos escapa alguna «anécdota» de nuestro día a día y al escucharnos a nosotros mismos sentimos pena y vergüenza por tolerar aquello. Y cuando vemos la reacción de la otra persona, aún nos sentimos peor. Y pensamos: «¿Quizás es más grave de lo que yo creo...?», aunque luego volvemos con nuestra pareja y nos sentimos reconfortados por el simple hecho de tenerla allí. Y así, nuestro apego afectivo es cada día más fuerte, cada día más profundo, cada día más dañino, más grave y más difícil de atravesar.

Acostumbro a decir que nadie debería vivir una falta de respeto más de una vez con una persona. Una es más que suficiente. Si se repite, ya es demasiado. Una persona puede tener un mal día y perder el control. Pero si eso se repite en más de una ocasión, es porque la persona funciona de esa manera, y tiene ese trato incorporado en sus conductas habituales. Nos va a seguir tratando de ese modo durante el resto de la relación. Y eso es completamente intolerable. Si estamos en una relación en la que hay maltrato psicológico, en la que nos humillan, destruyen nuestra autoestima y pisan nuestra dignidad, tenemos que pedir ayuda a quien sea con el único objetivo de salir de allí.

Como ya hemos comentado, las relaciones de pareja empiezan con la fase de enamoramiento, esos meses de locura transitoria en los que nos esforzamos en mostrarle al otro la mejor versión de nosotros mismos y en los que le quitamos importancia a lo negativo que vemos a veces en él, pensando: «Tampoco es tan importante» o el ya mencionado «Ya cambiará».

Pasados esos meses, nos encontramos realmente con el otro, con todas sus caras, y vemos lo que nos gusta y lo que no. Entonces ya podemos apreciar el tipo de persona que es, cómo nos trata y la relación que podemos llegar a tener en el futuro con él.

* Si en ese punto vemos que nos respeta, nos valora, nos admira, nos hace sentir importantes, y encaja con lo que buscamos, probablemente empezaremos a amarle.

* Si por el contrario nos falta al respeto, empezamos a cambiar por él, nos oculta cosas, nos manipula o destruye

nuestra confianza y dignidad... y a pesar de todo seguimos allí (teniendo en cuenta que para encajar con él y no discutir hemos de ir renunciando a ser quienes somos, amoldarnos a él y hacer todo lo que él quiera), ya nos estamos enganchando, y empieza la dependencia emocional.

Veámoslo en el siguiente cuadro:

Si no encontramos los pilares básicos anteriormente mencionados, el amor no puede aparecer.

Si nos tratan mal, nos menosprecian, nos humillan, nos ridiculizan, nos mienten, nos manipulan o no nos tienen nunca en cuenta..., no puede aparecer el amor. De ninguna manera. Los seres humanos no tenemos la capacidad de amar en esas condiciones.

Lo que solemos hacer es iniciar nuestra dependencia en nombre del amor. Nos repetimos una y mil veces cuánto amamos al otro, y por mucho que suframos, tenemos claro que nadie puede entender lo que sentimos, que va más allá de la comprensión de los demás.

Pues bien, esto no es así, no es cierto en absoluto. Ni el otro nos quiere ni nosotros le queremos. Deberíamos aprender a «razonar» el amor, a analizar lo que hay en el aquí y el ahora, a pensar en lo que es la relación en ese momento y en lo que ha sido hasta entonces. Esto evitaría que nos engancháramos a las ilusiones de lo que puede llegar a ser. Idealizamos al otro convirtiéndole en una persona que probablemente no ha sido nunca, y si solo es un producto de nuestra mente, lo más fácil es que esa idea nunca se acabe haciendo realidad.

Al mismo tiempo, al centrarnos en esa ilusión, no asumimos lo que está pasando en nuestro presente, en lo que es la relación en ese momento, en que no nos satisface.

Tal y como ya hemos explicado, cuando hay dependencia no hay amor sano. Uno no quiere al otro porque no encuentra los ingredientes necesarios para que el amor sano surja. Ni yo le quiero a él, ni él me quiere a mí. Para comprender con mayor claridad esta «ausencia de amor», podemos analizar los dos puntos de vista: el de uno mismo y el del otro.

# ¿Qué me pasa a mí?

No le quiero. No soy feliz con él. Si pongo en una balanza los días que estoy bien y los que estoy mal, estos últimos ganan con creces. Me paso la vida llorando desconsoladamente por cómo es o por cómo actúa (y lo que me ha hecho), me siento deprimida. Mi vida gira en torno a él, mis pensamientos hacia él son cada vez más obsesivos y voy dejando mis intereses, a mi gente, mis actividades, todo lo que me hacía feliz, por estar a cada momento pendiente de él. Estoy aceptando y tolerando conductas hacia mí que hace un tiempo no habría admitido jamás. Al hacerlo, me voy perdiendo a mí misma, voy perdiendo mi personalidad, mi manera de ser, mi esencia. Me paso los días preguntándome: «¿Por qué hace esto? ¿Por qué no puede ser de otra manera o actuar de distinto modo? ¿Por qué no comprende lo que siento, lo que le digo? ¿Por qué tiene que ser así?».

En estos casos, mi respuesta es muy clara y racional: el otro es así, te guste o no. Es así porque es así. Porque viene de vivir una historia determinada, en un contexto determinado y con unas experiencias determinadas que mezclados con sus características innatas, le hacen ser como es. Pero no olvides que tú le has elegido desde un principio siendo así. Nadie te obligó, entonces, ¿por qué te quejas tanto? Deberías preguntarte por qué quieres seguir junto a él, si su forma de ser o de actuar no te gustan en absoluto. Esto es algo muy importante que deberíamos aprender a analizar.

# ¿Qué le pasa al otro?

Que no me quiere. En este caso se abren dos opciones:

1. **Que me lo diga clara y honestamente, pero aun así yo no pueda aceptarlo de ninguna manera.** Entonces, si me quiere dejar, le rogaré y le suplicaré que por favor no me abandone, porque si lo hace, siento que me voy a morir. Puedo llegar a hacer auténticas locuras para evitar que

se vaya de mi lado, incluso prometerle que me plegaré a sus deseos, desde dejar de ver a mis amigos o familia, hasta abandonar mi trabajo o cambiar mi manera de vestir. Es evidente que esta actitud nos lleva directamente a la desdicha más profunda. Humillarnos y denigrarnos de esa manera jamás conduce a la felicidad.

*Si ya no te quieren, aprende a perder y retírate dignamente.*

WALTER RISO

# MARÍA

Esto es lo que le pasó a María, una mujer que después de quince años de matrimonio empezó a ver a su marido muy triste, distante y desilusionado. Un día le dijo que ya no la amaba y que no quería seguir a su lado. Ella sintió que su mundo se le caía encima y reaccionó de la peor manera. Sufría dependencia emocional, con lo cual empezó a suplicarle de todas las formas posibles que no la dejara. Ella se obsesionó en que aquello le pasaba por problemas en el trabajo y que ella le ayudaría a superarlos. Él no dejaba de repetirle que se fuera de casa (era de él) y le dejara tranquilo, pero ella no lo aceptaba de ninguna manera. Empezó a tratarla mal, a menospreciarla y a ningunearla, pero ella iba aguantándolo todo. Estuvieron así más de un año. Después de ese tiempo, ella poco a poco empezó a cambiar, volviéndose más fría y distante, y fue en aquel momento cuando decidió venir a verme, porque no se sentía bien.

De entrada, María me contaba su historia como si estuviera hablando del gran amor de su vida, a pesar de que al ir profundizando se iba dando cuenta de que en realidad él nunca la había tratado bien, nunca la había querido y en consecuencia, ella a él tampoco. Vio que él no encajaba para nada con el tipo de persona que ella quería a su lado: no le gustaba cómo trataba a sus amigos, despreciaba a los demás, solo estaba obsesionado con su trabajo y en cómo ganar más dinero, y valoraba a la gente por su nivel económico. Era un hombre déspota, racista e intolerante. Y María no era así. Admitía tener cierto miedo a dejarle por perder el tipo de vida y las comodidades que ahora disfrutaba, pero veía cada vez más claro que aquello no era para ella.

Fue justo cuando dejó de luchar para conseguir su amor cuando fue consciente de que en realidad no le amaba. Aun así, el miedo a dejarle la paralizaba, porque a su lado, su autoestima se había visto muy afectada. Tuvimos que hacer un proceso para que volviera a creer lo valiosa que era, y así, poco a poco, fue adquiriendo la seguridad necesaria para salir de allí.

Una vez fuera, su principal sorpresa fue ver que todas las personas que la querían, incluidos amigos comunes de la pareja, le decían que no podían entender por qué no lo había hecho antes, ya que desde fuera estaba muy claro que ella no era feliz. Nadie comprendía por qué estaban juntos, ya que no encajaban absolutamente en nada y no tenían nada en común.

2. **Que no me lo diga.** Es decir, que me diga «Te quiero», pero en realidad con su manera de actuar y comportarse me esté demostrando justo lo contrario.

La segunda opción es la más frecuente. Es la que se da casi siempre, la más dura y la que a menudo precisa de ayuda externa. Quedamos atrapados y nos vamos deteriorando cada vez más. Nos damos cuenta de que no nos quiere porque no nos trata bien, pero tenemos tanto miedo a quedarnos sin él y nos sentimos tan incapaces de seguir adelante si nos deja, que preferimos creer sus palabras, aunque sea más que evidente que se está riendo de nosotros. Podemos llegar a negar infidelidades, mentiras o hechos de lo más tangibles y comprobables, hacer oídos sordos y tragarnos nuestro orgullo y nuestra dignidad, para no tener que aceptar lo que tenemos delante. Y como acostumbran a ser hechos tan evidentes, no podemos compartirlos y desahogarnos con casi nadie, porque se van a sorprender de lo que estamos tolerando. Por eso optamos por tragar saliva, guardarlo en el pecho y seguir adelante. De esta forma, creemos que no se verá y al no verlo pensamos que no va a doler, pero no tardamos mucho en darnos cuenta de que estamos muy equivocados. El dolor no tardará en llegar, y sus punzadas van a ser cada vez más fuertes.

Cuantos más casos de este tipo veo, más claro tengo que eso no es querer. Y es increíble la manera en que nos convencemos de lo contrario. Cómo nos engañamos hasta el extremo de perdernos a nosotros mismos, dejando por el camino nuestras ilusiones, nuestros talentos y, lo peor de todo, nuestra dignidad.

Es justamente en estos casos, cuando yo digo:

# ¡Tápate los oídos y MIRA!

Las personas básicamente nos comunicamos con las palabras y con los actos. A menudo escucho en mi consulta:

*Me hace sentir tan mal… No me trata con respeto, antepone a cualquiera antes que a mí, que soy su pareja. Me exige cambiar porque no le gusta cómo soy, se comporta de una manera que me hace sentir muy mal…*

*He descubierto que habla con otras chicas a través de las redes sociales, sé que ha quedado con alguna y a pesar de haberlo leído, él me lo niega totalmente y me hace creer que quizá no lo entendí bien.*

*Me dice que lo hago todo mal, que no sirvo ni para cocinar, que estoy gorda y le doy asco...*

*Queda con gente, programa actividades en nuestro tiempo libre sin contar conmigo, dando por supuesto que yo no voy a compartirlo con él...*

## ¿Y por qué sigues con él?

*Porque después... a veces me dice que me quiere y que no le deje porque no puede vivir sin mí.*

Piénsalo. Como te dice que te quiere y que no puede vivir sin ti, ¿vas a aguantar sus malos tratos, su falta de respeto, que intente cambiarte y que te haga sentir mal por ser como eres, que alimente más y más tu inseguridad, hasta tal punto que te sientas incapaz de irte? Y todo ¿por qué? Porque dice que te quiere...

Tarde o temprano, tenemos que darnos cuenta de que esto es totalmente irracional.

Eso es lo que dice esa persona, pero y sus actos, ¿qué es lo que nos están mostrando?

Si tu pareja afirma que te ama tantísimo y luego se acuesta con la vecina, ¿te va a dar igual porque te ha dicho que te quiere?

Este es un ejemplo muy habitual que refleja exactamente lo que estoy explicando. A veces descubrimos algo y, aun así, llegamos al punto de dudar de nosotros mismos, de pensar que quizás hemos visto, oído o leído mal, e incluso puede que nos sintamos culpables por haberle hecho aquella pregunta, haberle pedido explicaciones al respecto o haber perdido los nervios al descubrir aquello.

En definitiva, esto es totalmente humillante y destructivo para cualquiera. Y lo peor de todo es que el otro tiene todo el poder.

Nosotros se lo hemos dado, y estamos completamente a su merced, comiendo de su mano y pidiendo un poco de amor como el que suplica limosna. Nos manipula hasta el extremo de anularnos por completo. He visto a mujeres con un carácter fuerte y un potencial inmenso sentirse perdidas e incapaces de salir adelante sin su pareja.

La dependencia emocional puede llegar a ser devastadora.

*Si el amor no se ve ni se siente, no existe o no te sirve.*

WALTER RISO

Otro caso en el que deberíamos taparnos los oídos para observar con mayor atención es si el otro vive la relación entre dudas. Cuando te dice cuánto te quiere y te necesita, y luego, al poco tiempo, te plantea que no está seguro de lo que siente y decide acabar la relación. Y al poco, vuelve con las mismas frases de amor, teniéndolo muy claro..., y al poco, vuelve a tener dudas... ¿A qué conclusión puedes llegar?

Si una persona te quiere, lo sabrá, apostará por ti y si tú también le amas, probablemente estaréis juntos, viviendo una historia maravillosa. Si por el contrario duda de lo que siente por ti, aunque no lo admita con claridad, es que no siente lo que debería, de eso no te quepa la menor duda.

Abordaremos este tema con mayor profundidad más adelante. Lo que hay que tener muy claro es que esta incoherencia entre las palabras y los hechos nos genera muchísima ansiedad. Mucha inseguridad y malestar interior. Empezamos a sufrir, a llorar, a estar deprimidos sin saber por qué... Una vez más debemos esforzarnos en tomar conciencia, ya que es la única manera de darnos cuenta de qué es lo que está pasando en realidad.

Y cuando no coincide lo que nuestra pareja dice con aquello que hace, os puedo asegurar una cosa: los actos nunca mienten.

Con las palabras podemos crear las frases más dulces del mundo, pero como dijo alguien alguna vez, las palabras se las lleva el viento. En cambio, aquello que hacemos, queda hecho y ya nadie lo podrá cambiar.

La manera de actuar de las personas nos va a dar siempre la información más fiable de qué es lo que sienten de verdad, más allá de todo lo que puedan decir.

Lo que está claro es que en circunstancias como las mencionadas, lo que menos hay es amor. Y aun así, seguramente, si te vuelvo a hacer la pregunta anterior: «¿Por qué sigues con tu pareja?», me dirás: «Porque le quiero».

Por muy mal que lo estés pasando, por mucho que estés sufriendo, seguramente tu respuesta será esta.

Pero esta respuesta no vale. Puedes responder lo que quieras menos esto. ¿Qué me responderás entonces? ¿Por qué sigues a su lado?

Cierra los ojos y tómate unos minutos para reflexionarlo. Anota en una libreta todos los motivos que se te ocurran.

Una vez hecho esto, pregúntate por qué deberías abandonar la relación. Piénsalo bien, y haz una nueva lista con todos los motivos y razones que encuentres. Escribe todo lo que se te ocurra al respecto, y a medida que pasen los días, si te das cuenta de que hay más motivos, puedes ir añadiéndolos. Recuerda todo lo que has sufrido, lo que has llorado o lo que has pasado a su lado, por su manera de ser, de actuar o de tratarte.

A continuación, comprenderás por qué algunas personas generan dependencia emocional, mientras que otros ponen fin a sus relaciones sin que esto les suponga ningún trauma profundo.

Todos tenemos que atravesar un período de duelo cuando termina una etapa de nuestra vida, que nos permitirá superar cada una de las fases que la pérdida conlleva. Al empezar el duelo caeremos en la negación de lo que ha ocurrido, luego pasaremos por la rabia, la tristeza y, finalmente, a medida que nos vayamos fortaleciendo, llegaremos a la aceptación.

Si todos pasamos por el mismo proceso, ¿por qué cada uno lo vive de forma tan diferente? ¿Por qué hay personas que sufren tanto, se enganchan, se degradan y se pierden, mientras que otras lo llevan con dignidad y control? ¿Por qué algunos aceptan y asumen que aquello acabó de manera racional y otros no quieren aceptarlo de ninguna manera?

Sigue leyendo y podrás comprender cuáles son las causas principales que nos llevan a sufrir una dependencia emocional, quedando atrapados en relaciones que pueden ser de lo más tóxicas y dañinas para nosotros. Relaciones en las que sentimos tanto dolor, que en numerosos casos llegamos a somatizarlo e incluso podemos acabar desarrollando una enfermedad.

# SÍNTOMAS Y CARACTERÍSTICAS DE LA DEPENDENCIA EMOCIONAL

La mayoría de las personas que sufren dependencia emocional, cuando lee o escucha a alguien hablar de este tema por primera vez, acostumbra a quedarse helada, sin articular palabra y con una mezcla de tristeza y esperanza al mismo tiempo.

Tristeza, porque al verse reflejadas en casi todos los aspectos, toman conciencia de que tienen un problema muy serio por resolver. Entienden que van a tener que hacer un trabajo muy profundo, que no va a ser fácil, y que deberán tomar algunas decisiones que no les apetecen en absoluto. Y por otro lado, esperanza porque por fin comprenden lo que les sucede, y finalmente pueden pasar por la razón aquellas vivencias y experiencias que de entrada parecían completamente irracionales. Cuando comprendemos nuestras emociones y reacciones, todas las cuestas inalcanzables que veíamos a nuestro alrededor se transforman en llanos posibles de recorrer. Y esto nos da fuerzas y motivos para seguir adelante.

Las personas que se sienten identificadas con los síntomas de la dependencia emocional, sin duda están sufriendo mucho desde hace tiempo, tal vez meses, tal vez años..., y en este tipo de trastornos, os aseguro que esto es una eternidad.

Tanto las causas como las consecuencias de la dependencia siempre son las mismas. No obstante, dentro de la diversidad de síntomas que acostumbran a aparecer, cada persona se verá reflejada en algunos en concreto y quizá no en otros. Hay quien tiene más necesidad de controlar al otro y quien mientras sepa que el otro está comprometido con la relación ya está tranquilo. Hay quien corta la relación veinte veces y vuelve de nuevo a ella veinte más, y hay quien cuando corta lo hace de manera definitiva, aunque después vaya corriendo a buscar otra relación que llene ese vacío. A pesar de estas diferencias, la base siempre es la misma.

Veamos a continuación, cuáles son las características y los síntomas más frecuentes que sufren las personas con dependencia emocional:

* **Necesitar al otro,** no concebir la vida sin él.
* **Exigir a nuestra pareja que dé muestras constantes de que está enamorada,** ya que si no, interpretamos que no somos importantes «para ella», que no nos quiere «lo su-

ficiente». Sentimos que tiene que hacer más por la relación y no lo hace.

* **Desear que en todo momento quiera estar con nosotros,** que nos haga sentir constantemente que somos su prioridad, aunque generalmente, por la manera de ser del otro, esto no sea así.

* **Querer cambiar al otro.** A la persona dependiente, en realidad no le gusta cómo es su pareja; de hecho, sufre mucho por su manera de ser y comportarse, por su personalidad. Hace intentos reiterados por conseguir que cambie y se transforme en lo que ella desea, pero, a pesar de no obtener ningún resultado positivo, no quiere dejar de luchar. Su vida se ha convertido en eso, en una lucha que la va marchitando, quitando la ilusión, la va haciendo invisible y a veces incluso puede hacerla enfermar. Nos damos cuenta de que estamos completamente estancados, y aun así seguimos luchando.

* **Sentir un terrible pánico a que el otro nos abandone,** a perderle.

* **Necesitar el control absoluto del otro** (lo cual lleva a discusiones importantes en la relación).

* **Acostumbran a ser relaciones en las que hay rupturas reiteradas y sucesivas reconciliaciones,** siempre volviendo con los mismos propósitos de cambio una y otra vez, una y otra vez..., aunque por supuesto no cambie nada.

* **Dejar de ser nosotros mismos,** de comportarnos de acuerdo con nuestra personalidad, para gustar más al otro, para asegurarnos de que el otro nos siga eligiendo y no nos abandone. Incluso podemos llegar a hacer cosas que jamás habríamos imaginado, aun degradantes, para evitar perderle.

* **Sentirnos absolutamente incapaces de dejar la relación,** por mucho que sepamos que debemos hacerlo. La persona que lo sufre, siente que no puede, que no es capaz, porque se está jugando demasiado. Eso, a su vez, la llena de frustración y desdicha.

* **Dejar de lado amigos, seres queridos...,** ya que el mundo gira totalmente en torno a él. Nos vamos aislando, aunque el otro, a menudo, sigue con su vida, mantiene a sus amigos y demás relaciones.

* **Convertir al otro en el centro de nuestra vida,** de nuestros pensamientos y de nuestras preocupaciones. Nuestros problemas siempre giran en torno a esa persona.

* **Dudar continuamente de lo que queremos,** lo que sentimos, o lo que quiere y siente el otro.

* **A veces hay maltrato.** No se da en el ciento por ciento de los casos, pero en muchos hay implícito un maltrato psicológico que se hace bastante evidente cuando en una terapia se empiezan a analizar y profundizar en los detalles de la relación. A veces, incluso puede ser físico.

* **Dejar que nos manipulen y nos hagan ver como real aquello que no lo es.**

* **Padecer ansiedad,** no dormir bien por las noches. Con frecuencia tenemos ganas de llorar desconsoladamente y sentimos una gran impotencia. También hay en nosotros una clara pérdida de la ilusión y nos volvemos seres tristes y desdichados que van cruzando su día a día por inercia, dejándose llevar.

Desahogarnos con amigos, a quienes explicamos lo que sentimos. Al hacerlo, nos damos cuenta de que se repite una y otra vez la misma historia, tantas veces que en algún momento de lucidez tomamos conciencia de que aquello no funciona, pero nos tapamos los ojos y volvemos a intentarlo.

# Necesitar al otro

Cuando hay dependencia, hay necesidad. No elegimos libremente a nuestra pareja, sino que sentimos que estamos con él porque le necesitamos y, en consecuencia, que si le perdemos, no podremos soportarlo de ninguna manera. La simple idea nos lleva al borde de la locura. Es algo impensable para nosotros.

Esta necesidad tan fuerte del otro, provocada como ya hemos comentado anteriormente por una falta de autoestima, es la característica principal de la dependencia emocional. No concebimos nuestra vida sin él.

En general son solamente algunos rasgos de su manera de ser o del modo en que le percibimos los que nos dan seguridad. Por ejemplo:

❋ Es o le concebimos como una persona fuerte, y junto a él sentimos una seguridad y una protección que nos recuerda a la que nos daba nuestro padre o nos faltó con él.

❋ Es o le concebimos como alguien muy inteligente, y dado que nos consideramos muy por debajo de la media —debido al bajo concepto que tenemos de nosotros mismos—, nos tranquiliza pensar que él nos ayudará a tomar mejores y más acertadas decisiones.

❋ Es o le concebimos como «un manitas», una de esas personas que lo solucionan todo en un abrir y cerrar de ojos, ya sea un problema con una factura, con un vecino o con una estantería. Al pensar en dejarle, enseguida conectamos con una gran inseguridad y una sensación de no poder salir de todos esos imprevistos si él no está a nuestro lado.

Cuando vivimos en una relación con dependencia, no somos felices. Por ello, a menudo hacemos intentos inconscientes de abandonar al otro. No nos damos cuenta, pero buscamos el conflicto, la disputa, el enfado... Es como si de alguna manera estuviéramos buscando que fuera el otro el que diera el paso y nos dejara a nosotros. Así sería más fácil, aunque no suele ocurrir.

Al mismo tiempo, si nos abandonara, nos derrumbaríamos de inmediato, porque la idea de perderle es inconcebible. Como podéis ver, cuanto más hablamos y profundizamos sobre la dependencia emocional, más nos damos cuenta de lo irracional que es. Queremos romper la relación, pero si nos deja, nos hundimos. Sabemos que no somos felices y que antes vivíamos sin él, pero al plantearnos un cambio nos consideramos absolutamente incapaces de llevarlo a cabo. Es como si hubiera una parte de nuestro cerebro que pudiera ver lo que hay con claridad, distancia y perspectiva, y otra parte que solo siente que le necesita y que no puede perderle bajo ningún concepto.

Esta situación de incoherencia mental y emocional nos lleva a un desequilibrio, a no estar ni sentirnos bien con nosotros mismos. Y esto hace que entremos en una lucha. Una lucha para comprender, para cambiar, para modificar, para conseguir lo imposible. Entramos en una lucha para conseguir que la relación funcione, sea como sea, a cualquier precio. El problema es que las luchas son duras, nos dejan agotados, y en el caso de este tipo de relaciones, no nos llevan a buen puerto, porque nunca gana ninguno de los dos.

En una relación de pareja sana, en la que hay una buena autoestima, debo sentirme libre. Es importante sentir que estoy con mi pareja porque mi vida es mejor con él, porque «suma» a mis días, porque me hace crecer, y tengo claro que si dejo de sentirme así, voy a seguir mi camino por otro lado. Es importante ser consciente de que le elijo, pero no le necesito. Yo tengo que ser feliz sola, sin pareja. Es importante que haya encontrado mi lugar, a mi gente, a mis amigos, mis aficiones, etc., y que, si tengo una relación, sea para partir de ahí. No hay que caer en el frecuente error de soñar que si tenemos una relación de pareja, todo lo que ahora no nos gusta en nuestra vida va a ir fenomenal, porque entonces tenemos todos los números para engancharnos.

Cuando una persona se mueve por el mundo desesperada por encontrar pareja es como si lo llevara escrito. Aunque no se dé cuenta, se le nota y esto aleja a los posibles candidatos. Y si por casualidad encuentra a alguien que le hace caso, es más que probable que se enganche, generando una necesidad hacia el otro. Si conseguimos encontrar nuestro propio equilibrio, los vínculos que estableceremos con los demás serán más sanos y nos permitirán seguir desarrollándonos y creciendo.

En ocasiones, una vez acabada la relación, somos incapaces de asumir el final y continuamos en contacto con el otro para seguir recibiendo ese ingrediente sin el cual no nos sentimos capaces de avanzar. Con ello, no hacemos más que alimentar la dependencia que sentimos hacia él, y, por supuesto, nuestro problema continúa, seguimos estando enganchados, incluso a pesar de haber empezado una nueva relación con otra persona.

# RAQUEL

Raquel empezó una relación con Pablo siendo muy joven. Fue su primera pareja, y al año ya se habían casado y comprado una casa. A los dos años, nacía su primer hijo, y un año más tarde tenían el segundo. Ella lo hacía todo en casa y además trabajaba de encargada en una tienda. Él tenía un negocio al que se dedicaba a tiempo completo. Según Raquel, eran muy felices.

Un día, él le dijo que había perdido la cabeza por la camarera del bar al que iba a comer de vez en cuando. A Raquel se le vino el mundo encima. No podía ni plantearse su vida sin Pablo. Aunque fuera ella la que se hacía cargo de casi todo, solo veía lo que iba a perder si él la dejaba, y magnificaba las pocas cosas de las que su marido se encargaba (reparaciones, bancos y algunas facturas). Aparte de sentirse sola y vacía, pensaba que no iba a ser capaz de seguir adelante sin su apoyo. Al sobrevalorar esas cosas que él hacía en la relación, ella se sentía cuidada, protegida y segura. Su padre la hacía sentir igual cuando era pequeña, pues también era un hombre muy resolutivo, y por eso Raquel aún sentía más apego hacia Pablo.

Con el trabajo que hicimos, pronto empezó a conectar con su dignidad personal, y al ver que Pablo no cambiaba de opinión y que quería estar con la otra chica, decidió que se fuera de casa. A pesar de sentirse muy culpable (Pablo no paraba de repetir a Raquel que era maravillosa y que sabía que era la mujer de su vida, pero que deseaba vivir esa experiencia), lo hizo sin problema.

Con todo, él no dejó de aparecer de forma continua y constante en su vida. Estaba claro que tenían hijos en común y el contacto entre ellos era imprescindible, pero no de aquella manera. Él seguía desempeñando su papel de protector y cuidador de las necesidades de ella...; incluso cuando ella tenía que llevar su coche a revisión, le llamaba y se lo llevaba él. Le llenaba cada día el buzón del móvil de mensajes innecesarios. Ella aún le quería y por una parte le encantaba recibirlos, sobre todo porque la mayoría eran halagos, pero, por otra parte, cuando se acordaba de que no estaban juntos porque él estaba con otra chica, sentía una rabia incontrolable mezclada con una tristeza que la desgarraba.

Pasaron los meses y ella conoció a Moisés, un chico que la quería mucho, pero que no era nada resolutivo. No tenía trabajo y vivía aún con sus padres. Tenía muchas cualidades, pero no esas que Raquel valoraba especialmente de Pablo, y además era justo lo opuesto a su expareja. Raquel empezó a compararlos y a ver negativamente a Pablo, pero, por otro lado, seguía contactando y pidiéndole ayuda cada vez que tenía algún contratiempo. Pablo estaba encantado, porque se sentía importante, que ella le necesitaba (aunque seguía con la otra chica).

Durante las sesiones, Raquel se dio cuenta de que seguía enganchada a Pablo porque aún pensaba que le necesitaba. Continuaba otorgándole ese rol cuando en realidad no hacía ninguna falta. Estaba claro que Moisés no era la persona adecuada para ella, porque no encajaba en la mayoría de sus valores, pero le eligió porque le daba lo que Pablo le había quitado: cariño, hacerla sentir importante, deseada, bonita, etc.

Cuando comprendió su problema y empezó a cortar el contacto con Pablo, al principio a este le costó asumirlo, pero poco a poco la seguridad de Raquel fue mejorando muchísimo. Al tomar distancia y dejar de depender de él en todo, incluso la ascendieron en su trabajo y empezó a cobrar bastante más. Notó muchos cambios en su vida y acabó dejando a Moisés, porque comprendió que era ella la que tenía que darse aquellos ingredientes, y a partir de sentirse completa por sí misma, sabía que elegiría correctamente a la persona adecuada.

## Exigir más amor al otro

Es frecuente, cuando hay dependencia, que sintamos que el otro no está suficientemente pendiente de nosotros. El problema puede venir de dos formas:

1. **El otro ya no nos quiere y por ese motivo sentimos que ha cambiado.** Ya no nos cuida ni nos da cariño como antes. No riega la relación, no planifica pensando en el crecimiento de ambos, etc. Lo más probable es que yo lo vea, pero no quiera aceptarlo, y entonces vivo posicionada en el rol de víctima, con la sensación de que solo yo estoy tirando de la relación y el otro simplemente «se deja llevar». Luego empiezo a quejarme día y noche, y a exigirle que vuelva a ser el que era: más cariñoso, más pendiente de mí, que me escuche con mayor atención, que se dé cuenta de lo que necesito, etc. Es posible que

las relaciones sexuales sean escasas, de mala calidad o nulas, y de esta manera podemos pasar años porque seguramente el otro tampoco está siendo sincero consigo mismo. Puede que se plantee dejar la relación porque ya no me quiere, pero ello hace que se activen en él muchos miedos: «¿Y si me equivoco?, ¿y si en realidad la quiero?, ¿y si me voy y luego quiero volver y ya es tarde?...». Por todas esas dudas, es probable que decida no irse y así nuestra agonía se irá alargando.

# CLAUDIA

Claudia vino a verme porque hacía unos meses había sufrido una crisis en su relación de pareja. Hacía tiempo que su marido, Mario, parecía diferente. Ya no era atento con ella, no le prestaba atención ni se preocupaba como solía hacerlo antes. Ella le preguntaba si le pasaba algo, pero él siempre acababa diciéndole que no, que todo estaba igual y que eran paranoias suyas.

Un buen día le dijo que se había enamorado de una clienta de la floristería que él tenía, y que quería estar con ella. Dejaron la relación y Claudia se vino abajo. No entendía nada y sintió que su vida se colapsaba de repente. Al cabo de un mes y medio él volvió a aparecer pidiendo perdón y con gran arrepentimiento. Aun así, le explicó que con aquella chica había sentido una conexión a nivel sexual que nunca antes había experimentado.

Claudia y él hacía años que tenían problemas en sus relaciones sexuales porque Mario no disfrutaba con ellas. No lo quería hablar con ella ni quería hacer nada para solucionarlo, y así seguían. Ella se había conformado con una vida sexual pésima y los dos se dejaron llevar hacia una monótona vida gris.

Una vez comenzada la terapia, Claudia empezó a tomar conciencia de las carencias importantes que había tenido desde hacía años en su relación. No era la parte sexual la única que fallaba. Él no la ayudaba en casi nada, no compartían demasiado y ya casi no tenían nada en común. Se daba cuenta de que no era feliz con él y que simplemente se había conformado con ello.

Mario quería volver, pero no estaba dispuesto a solucionar sus problemas sexuales ni deseaba hablar de lo que había sucedido con aquella chica. Además de todos los problemas, sufrían unas carencias muy grandes de comunicación. Claudia precisaba unas respuestas que no obtenía. De hecho, cuando hay una infidelidad o aparece una tercera persona, el que «es abandonado» siente una necesidad inmensa de explicaciones, de información..., va desesperadamente en busca de pistas que le ayuden a comprender lo que pasó, el porqué y el hacia dónde. Y en mi opinión, aunque puede que saber más nos haga daño, tienen que darnos esas respuestas. Solo si sabemos lo que ha habido, podremos comprender al otro, ponernos en su lugar (como seres humanos que somos), perdonarle y, si así lo sentimos, seguir a su lado.

Al final, Claudia reforzó su autoestima y a causa de las grandes lagunas en las explicaciones de Mario y la falta de respuestas, decidió continuar su camino sola, abriéndose a conocer a otras personas y a nuevas posibilidades.

2. Debido a nuestra obsesión hacia él. Nuestra inseguridad y nuestro miedo a perderle hacen que invirtamos gran parte de nuestro tiempo pensando, observando y analizando si nos da las muestras de amor que esperamos o no. Cuantas más carencias percibimos, más le exigimos que nos dé lo que creemos que nos había prometido.

En vez de dedicarnos a nosotros, a cultivarnos, a cuidarnos, a hacer aquello que nos gusta, solo tenemos la mirada puesta en él. Estamos trabajando y pensamos en él. Hablamos con una amiga y lo hacemos sobre él, planificamos la agenda y lo haremos en función de él. La parte obsesiva de la dependencia emocional es de las más dañinas. Nos cuesta mucho reprogramar nuestra mente para que funcione con otros pensamientos que se refieran a otros temas.

Todo gira en torno a él. Solo damos, damos y damos, con lo cual esperamos también recibir: pero damos tanto que casi no dejamos lugar para que el otro pueda dar su parte.

Y entonces empezamos a plantear exigencias y reproches como «Es que nunca me dices que me quieres», «No me haces sentir que soy importante para ti», «Eso es que no me quieres»...

Por otro lado, lo que no vemos es que el otro es como es. Si es una persona poco cariñosa, no lo va a ser, y de hecho le hemos elegido siendo así. No es justo elegirle y después exigirle que cambie.

Si para mí es sumamente importante que mi pareja sea de una manera determinada y no lo es, quizá me deba plantear que no es la persona adecuada para mí. Lo que pasa es que cuando hay dependencia, esta no es una opción posible.

En una relación de pareja sana aceptamos al otro si esto no altera nuestro equilibrio vital, si sentimos que su manera de ser o las características de su personalidad no nos afectan negativamente. De no ser así, soltaremos la relación.

## Ser su prioridad

Debido al componente obsesivo ya mencionado, la persona que sufre dependencia emocional tiene un deseo permanente de estar con el otro en todo momento y busca sentir que es «su prioridad». Aun así, y aunque parezca contradictorio, a menudo las personas dependientes eligen a parejas que no encajan con esa característica. Suelen atraer a personas libres, que necesitan bastante espacio para sí mismas (incluso más de lo habitual), que tienen sus actividades personales y se realizan con las tareas que ellas mismas eligen.

Como el dependiente solo tiene ojos para el otro, le va a molestar y angustiar muchísimo no sentir lo mismo por parte de él. Y esto no significa que el otro no le quiera, sino solamente que tiene una manera de funcionar diferente. Por mucho que haga o se esfuerce, no va a complacerle porque siempre necesitará más. Más muestras, más atención, más tiempo juntos, etc.

Como hemos dicho antes, la persona dependiente siempre tiene una baja autoestima y un decepcionante concepto de sí misma. Por esto, cuando al principio de la relación el otro se mostraba interesado, ella acabó por entregarse por completo y a ciegas. Con eso tenía suficiente, lo más preciado era que la hiciera sentir importante y valiosa para él.

Después, a medida que la relación avanza, puede que la pareja no sea una persona que demuestre su afecto constantemente, porque no le sale de manera natural, porque en realidad es muy fría en ese aspecto, porque no se lo han enseñado o porque nunca lo ha aprendido.

Es en este punto cuando la persona dependiente necesita sus «dosis», esas que ya no recibe. Empieza a exigirlas, puede que le explique al otro que tiene que ser así o asá, o incluso que el otro le prometa que va a cambiar. Pero no nos engañemos. Si uno es cariñoso, lo es, y si no lo es, no va a mostrar afecto de manera natural. Puede esforzarse durante un tiempo, pero a la larga la carencia volverá a salir a la superficie.

Esto también generará un conflicto entre ellos porque cada vez que el no dependiente haga planes que no incluyan al dependiente, este sentirá que es el último en la escala de personas importantes para él. Y no habrá quien le quite esa idea de la cabeza.

# ÁNGELA

Ángela tenía treinta y dos años cuando vino a mi consulta. Quería que la ayudara a estar bien en su relación con Daniel, un chico totalmente independiente, libre y muy racional. Ella era toda emoción y con tendencia a apegarse en sus relaciones.

A los pocos meses de estar juntos, empezaron a tener discusiones muy desgastadoras. Me contaba que ella tenía que explicarle a él cosas que consideraba muy básicas en una relación de pareja. Él tenía unos horarios muy diferentes a los suyos y no coincidían demasiado, les costaba mucho encontrarse. Ángela esperaba con ganas los pequeños huecos que tenían para compartir, aunque a menudo se encontraba con que él (a pesar de tener mucho tiempo libre en el que podía quedar con otros) ya había hecho planes con amigos o amigas sin contar con ella. Se sentía poco importante para él. Le decía que no la invitaba porque se sentiría mal con sus amigos, o porque iban a correr y ella no lo aguantaría, o simplemente porque una amiga le había invitado al cine y a él le apetecía ir.

Los ataques de ira de Ángela cada vez eran mayores. Él no entendía lo que pasaba, y veía su propia conducta completamente normal. Y seguro que lo era (no vamos a juzgar lo que es y no es normal), aunque no para Ángela. A ella, por sus valores, por su manera de entender una relación, no le gustaba y no aceptaba lo que hacía Daniel. La desequilibraba emocionalmente y hacía que cada día vivieran una nueva y desagradable pelea. Él sentía que ella no le aceptaba ni le dejaba ser, sentía que cada cosa que él quería hacer era cuestionada y criticada, y no le parecía bien. Ella, por más que luchaba por aceptar la manera de funcionar de Daniel, no estaba dispuesta a aceptar su manera de actuar, no se identificaba con una relación así. Y a pesar de ello, no se iba, seguía luchando y luchando…, al principio por aceptarle, después para que no le afectara, y al final para que no se acabara.

Le costó muchísimo romper la dependencia, incluso viendo que empezaba a tener síntomas físicos, como problemas graves en el estómago que los médicos no comprendían. Pero al final Ángela tocó fondo, y consiguió alejarse de Daniel. Le costó mucho, pero ahora vive su vida sintiéndose libre, auténtica y feliz.

En mi opinión, aunque tengamos una buena autoestima, es necesario que en nuestra relación sintamos que somos importantes para el otro. El problema viene cuando no lo percibimos y, aun así, seguimos agarrados a él sin querer soltarle bajo ningún concepto.

En una relación de pareja sana, cada uno debería tener su espacio, en el que sumergirse o aislarse cuando así lo desee (ya sea trabajando, haciendo deporte o leyendo), y al mismo tiempo deben compartir espacios comunes, tener *hobbies*, actividades que les van a acercar y fortalecer. Una vez más, no hay necesidad, sino una elección serena, armoniosa y placentera.

## Querer cambiar al otro (las quejas)

Según mi experiencia, en la mayoría de los casos de dependencia emocional hay una no aceptación del otro. Por ello, no es de extrañar que uno de los ingredientes más habituales sean las quejas.

La persona dependiente quiere retener al otro a cualquier precio, pero, aun así, es probable que haya aspectos en su manera de ser que no le gusten nada o le saquen de quicio. Quizá no le guste que sea tan liberal, o tan independiente, o tan pasota, o tan egoísta, o tan poco comunicativo, o tan poco afectuoso... Siempre habrá algo importante que no encaja.

Entonces, el dependiente empieza a quejarse, entrando en una lucha incansable con malas caras y reproches constantes para exigir al otro que cambie y se convierta en aquello que quiere que sea, en aquello que inicialmente estaba buscando. Es un pulso en el que el objetivo es que el otro entienda que no debería ser así. ¿No? ¿Y por qué no? ¿Le queremos tanto y, sin embargo, no le permitimos que sea como es?

Si tanto nos disgusta como es..., ¿por qué no le soltamos y buscamos a otro que sea como deseamos?

Y aquí, de nuevo, la respuesta unánime de todos mis pacientes es un fuerte y vigoroso «Porque le quiero». Y se quedan tan contentos.

Es justamente en este punto cuando deberían empezar un proceso para comprender que lo llaman amor, pero en realidad es dependencia.

Como dice Walter Riso, si en estos casos, a pesar de todo, sentimos que le queremos, tendríamos que decirle: «Te quiero, pero te dejo, porque no le vienes bien a mi vida».

Al inicio de la relación, todo nos parece tolerable, poco importante, incluso nos divierten algunas cosas en el otro que en realidad detestamos. Pero a medida que vamos avanzando en ella, nuestra paciencia se va debilitando y nuestro grado de tolerancia va desapareciendo. Es entonces cuando empezamos a exigir que cambie ciertos aspectos de su funcionamiento. Empezamos a quejarnos por todo aquello que no estamos obteniendo, que seguramente es lo que consideramos que le daría sentido a la relación. No tenemos suficiente con aquello que nos aporta el otro y es probable que sintamos que estamos dando mucho más de lo que recibimos. Y esto internamente nos genera un gran malestar. Hay una parte de nosotros mismos que nos dice que no nos conformemos con aquello, que podemos alcanzar lo que deseamos de verdad. Y por otro lado, hay otra parte que no quiere perder aquellas cualidades que también le vemos a nuestra pareja. Por ello, nos esforzamos por transformar lo negativo en positivo para que así todo sea perfecto.

El otro, por su parte, no quiere cambiar. Siente que aquellas quejas no van con él y que él no tiene ningún problema. Por ello, la persona dependiente lucha por aceptarlo, se marca el objetivo de que aquella manera de ser no le afecte, que no le genere ninguna reacción negativa en su interior. Pero está claro que no puede conseguirlo. Aceptarlo implica renunciar a ser quien es, y eso la propia esencia no nos lo permite. Y que conste que esto pasa en ambas direcciones; es decir, el dependiente siente que tendría que cambiar para lograr aceptar al otro tal y como es, y este siente que tendría que cambiar para que el dependiente acabe aceptándole. Está claro que esto no es bueno para ninguna de las dos partes. Renunciar a uno mismo jamás debería ser una opción.

«Aceptar que mi pareja quiera hacer sin mí las cosas que yo quisiera que hiciéramos juntos me genera muchísima ansiedad», me comentaba una clienta. En estos casos, a no ser que la otra persona esté dispuesta a modificar su conducta y se siga sintiendo cómoda, no podremos estar nunca tranquilos y en paz en esa relación.

Mantener una relación con una persona que no nos acepta como somos es agotador y desmotivador. Lo ideal sería que si no le aceptamos porque no nos gusta, le soltáramos y siguiéramos buscando. Por otro lado, estar con alguien que por su manera de ser, de ver las cosas y de entender la vida nos genera ansiedad y malestar, puede llegar a ser muy dañino. Esto es lo que pasa cuando hay dependencia emocional.

A la persona dependiente no le gusta cómo es el otro, su manera de ser o comportarse, y su misma personalidad le hacen sufrir, pero aun así no quiere dejar de luchar. Su vida se ha convertido en eso, en un combate que la va marchitando, quitando la ilusión, haciéndola invisible, y a veces incluso la lleva a la enfermedad.

La relación deja de ser un espacio armonioso y equilibrado, y se convierte en una montaña rusa de enfados y malas caras habituales.

Por ello, yo os volvería a plantear la misma cuestión: si cuando os pregunto por qué estáis aún en la relación no pudierais decir «Porque le quiero», ¿qué responderíais?

Pensad en ello unos instantes y puede que os sorprendáis...

## Sentir pánico al abandono y desear el control absoluto del otro

La persona emocionalmente dependiente, como sufre una baja autoestima y el miedo a que el otro la abandone, para sentirse segura necesita sentir que controla todos los movimientos de su pareja.

Es probable que haga numerosas llamadas al día, o esté enviando mensajes por el móvil con desmesurada frecuencia, y que luego se enfade si el otro no responde con rapidez o que interprete que no le quiere por ello.

Solo se siente segura si sabe lo que hay respecto al otro. De no ser así, se generan celos y reacciones fuera de lugar, porque siente que pierde el control que necesita.

En una relación de pareja sana, en cambio, la confianza en uno mismo y en el otro permite que cada uno tenga su espacio y que haya una armonía entre ambos.

El pánico a perderle nace de la profunda necesidad que sentimos hacia él. Las cualidades que le atribuimos, ya sean reales o producto de haberlo idealizado, se convierten en algo que nos parece imprescindible, totalmente vital.

Si unimos esto a la baja autoestima, podremos comprender que el miedo al abandono, y a sentir que no seremos capaces de salir adelante sin todo lo que él aportaba a nuestras vidas, nos lleva a hacer lo que sea por retener al otro. Y cuando digo lo que sea, estoy siendo literal. He visto a personas hacer auténticas locuras por miedo a que su pareja las deje. Más tarde, cuando por fin han conseguido salir de la relación y lo recuerdan, no dan crédito, pero cuando uno lo está viviendo, el pánico controla su mente.

# JULIA

Recuerdo el caso de Julia, una chica con un gran potencial que de pequeña se había sentido abandonada, porque nació en una familia con hermanos bastante mayores, en la que pasaba la mayor parte del tiempo sola.

Cuando vino a verme, Julia tenía treinta y dos años y una lista de cuatro relaciones de pareja que habían sido una pesadilla para ella. Me decía: «Me da pánico quedarme sola, me da terror. Supongo que por este motivo aguanto todo lo que aguanto...». Cierto, y también por ese motivo, cuando terminaba una relación, toda su atención se centraba en encontrar a otro hombre que ocupara ese lugar y así no tenía que encontrarse cara a cara con su soledad. En pocos días ya vivían juntos y se comportaba como si llevaran meses de relación. Tal y como podéis imaginar, esas relaciones no salían bien. Julia acababa sufriendo y con la sensación de estar siempre tropezando con la misma piedra, sin construir nada sólido y sin avanzar.

Decidió pedir ayuda porque su última relación había acabado hacía unos días. Quedó completamente atrapada incluso después de que él dejara claro que se iba y que no quería seguir a su lado. Le dijo que la quería, pero que quería buscar otras cosas, que se encontraba en un momento de su vida en el que tenía que continuar solo. Y se fue. Ella intentó retenerle de todas las maneras posibles: lloró, suplicó, prometió y se humilló rogándole una segunda oportunidad. Aun así, como él lo tenía muy claro, para que ella asimilara el cambio cuanto antes, decidió bloquearla en las redes sociales y cortó toda comunicación, con lo cual ella se sentía aún más destrozada. Al haberle dicho que la quería, ella no aceptaba de ninguna manera lo que veían sus ojos. Sabía que él no quería seguir a su lado (por algo no estaban juntos), pero no lo asumía de verdad. «Si aún me quiere, puedo recuperarle...», se engañaba ella. Seguía pensando en él, dando vueltas y más vueltas al tema, analizando los motivos, las causas y los errores que supuestamente había cometido. Sentía que si cortaba esos pensamientos, lo perdería para siempre. No podía imaginárselo, no asumía que ya hacía tiempo que la relación había terminado.

Al pensar tanto en él, su mente estaba más tranquila porque no tenía que aceptar que en realidad él ya no formaba parte de su vida, que estaba sola de nuevo. Pero a pesar de intentar mentirse, sabía lo que había. En el fondo de su alma tenía una pena inmensa por no estar a su lado.

Poco a poco logró aceptar la situación y asumir que a veces no nos quieren y que cuando eso sucede, tenemos que irnos con dignidad y continuar nuestro camino.

Todos merecemos encontrar a alguien que nos quiera, que se sienta orgulloso de estar con nosotros, que nos admire y que lo que desee sea continuar a nuestro lado porque su vida mejora estando juntos. De no ser así, no tiene ningún sentido empeñarse en continuar.

## La dinámica ruptura/reconciliación

Cuando estás en una relación de pareja sana y equilibrada, no hay rupturas repetidas como en los casos de dependencia. En estos últimos, es muy frecuente escucharles contar que han dejado la relación varias veces, pero que a los pocos días de hacerlo, no lo pueden resistir y se reconcilian. Les gusta fantasear con la idea de que su amor es tan fuerte que puede con todo, y que por ese motivo van a superar cualquier huracán que la vida les tenga preparado.

Se trata de «rupturas» entre comillas, porque ninguno de los dos lo asume como un final verdadero. Los dos saben que en cuanto uno dé un paso, volverán a estar juntos. Se vuelven adictos a las reconciliaciones.

Al volver, hablan largo y tendido de sus problemas, de lo que tiene que cambiar cada uno para que el otro esté a gusto, y no se dan cuenta de que el precio que ponen es tan alto que no están dispuestos a pagarlo. Sobre todo porque los cambios que se proponen implican renunciar a quienes son, actuar de una manera que no encaja con sus valores y su manera de ser. Y en consecuencia, se vuelve a repetir la misma historia otra vez. Parece que ya estén acostumbrados a hacer las maletas, a enfadarse, a dejar de verse un tiempo... y luego volver. Es como si al irse ya supieran que en unos días volverían a unirse de nuevo. Para ellos se convierte en algo habitual, a pesar de estar totalmente fuera de lugar.

Estas personas no se dan cuenta de que tienen una dependencia emocional con el otro.

Los amigos ya no saben ni qué decirles con cada nuevo capítulo de ruptura o reconciliación, y nunca saben si están juntos o separados. Explican la misma historia una y otra vez..., curioso, ¿no?

Y si alguien les da un consejo —que por su bien será dejar la relación—, incluso pueden llegar a enfadarse con él. Piensan que nadie puede entenderlos y que todo el mundo se equivoca. Que nadie puede comprender la grandeza de sus sentimientos: esos mismos sentimientos que les están destruyendo día a día.

Evidentemente, se trata de relaciones sin ningún futuro prometedor, al menos como pareja, ya que con tantas idas y venidas no se puede construir nada sólido. Y con tantos cambios reiterados, la relación se va desgastando, generando incertidumbre hacia nuestro futuro y haciéndonos sufrir.

# ELISA

Elisa mantenía una relación de pareja que había empezado hacía un año y medio con un chico que no tenía demasiado que ver con ella; eran completamente diferentes. Él era muy independiente, ella pensaba siempre «en dos». A él no le importaba estar días sin verla, ella buscaba momentos para compartir. A él le gustaba vivir al día, a ella le gustaba tener unos objetivos e ir a por ellos. Él gastaba todo cuanto ganaba, mientras que ella necesitaba ahorrar para estar tranquila. Por otro lado, él era un chico muy educado y culto, y a los padres de Elisa les encantaba. Le decían a menudo lo contentos que estaban de que por fin hubiera encontrado a alguien de provecho, como él. A ella le gustaba recibir ese reconocimiento de sus padres y aún se sentía más afortunada.

Pero a pesar de todo, ella no era feliz. Por su manera de ser, se sentía poco importante para él, nada valiosa, no compartía cosas con ella, cuando tenía problemas (en su familia o en el trabajo) jamás se lo contaba. A veces iban a la casa de los padres de su pareja para hablar de algo que sucedía entre ellos y la dejaba encerrada en una habitación para que no supiera de qué hablaban. También a menudo él quedaba con amigas suyas para ir al cine o hacer deporte y le decía a ella que no podía ir. Elisa se sentía muy mal, claro está. Cada vez peor.

Al principio no decía nada, a pesar de no poder creer que aquello le estuviera sucediendo, pero poco a poco empezó a mostrar su desacuerdo, intentando hacerle ver a él que no podía actuar de esa forma. Él, sin embargo, jamás tuvo el más mínimo interés por cambiar. Se limitaba a decirle que no iba a dejar de ser como era porque no creía estar haciendo nada malo. Y en realidad, tenía razón: simplemente esa era su manera de ser y de ver las cosas. El problema era que ella no aceptaba su manera de funcionar, no encajaba con sus valores, no era para nada lo que ella buscaba de una pareja.

Sus discusiones eran cada vez más fuertes y empezaron a dejar la relación. Cortaban y a la semana uno llamaba al otro arrepentido, se pasaban horas llorando y hablando de todo lo que debían cambiar y retomaban la relación con una confianza total en que iban a conseguirlo.

Aun así, a las pocas semanas volvían a estar en la misma situación. Las mismas quejas, los mismos reproches y los mismos enfados por parte de ella que a él le hacían sentir cada vez más desgastado. Empezaba a cansarse de no poder hacer lo que quería porque sabía que Elisa se iba a enfadar y le iba a montar un numerito. Y cuando esto sucedía, dejaban la relación de nuevo. En aquel momento se daban cuenta de que aquello no tenía sentido, que nunca funcionaría, pero a los pocos días, el síndrome de abstinencia aparecía y no podían evitar correr hacia el otro.

Elisa vino a verme después de haber dejado la relación unas dos o tres veces. Al principio, al intentar que razonara lo que le sucedía, no quería aceptar la idea de que él no era la persona adecuada para ella. No encajaban y él no tenía ninguna intención de cambiar, pero no quería asumirlo, aún no.

Salía de la consulta peor de lo que había entrado porque no le decía lo que ella quería escuchar. A pesar de ello, seguía viniendo. No faltó ni un solo día. Me decía que quería que yo la ayudara a cambiar, a aceptarlo como él era para salvar la relación, puesto que él era la persona más maravillosa que jamás había conocido. Lo tenía totalmente idealizado, porque estaba claro que a ella no le gustaba como era él. Su obsesión con que aquello funcionara era total, pero fue debilitándose poco a poco a medida que iba viendo que mis palabras coincidían con la realidad. Cada vez le dolía más ver que nada cambiaba, que a pesar de cortar y recoser aquello, nada era diferente. Cada vez se sentía peor.

Un día, él vino a verme a la consulta, pero evidentemente no era porque considerara que tenía que modificar algo en su conducta. Lo primero que dijo fue: «Vengo por si puedo ayudar con el trabajo que estás haciendo con Elisa. Por si te puedo dar mi punto de vista de lo que le sucede, por si te puedo dar más información de lo que hace o lo que le pasa en realidad». Estaba claro que no venía a hablar de él. Yo ya sabía lo que le pasaba a Elisa, pero me vino bien conocerle y ver cómo razonaba y cómo veía las cosas.

Finalmente Elisa lo aceptó, tocó fondo y soltó la relación para siempre. Comprendió que tenía que ser muy fuerte porque los dos estaban enganchados y no había duda de que él iba a intentar volver a ella, tal y como siempre habían hecho (cuando se ha cortado tantas veces, uno ya da por sentado que esa vez no va a ser diferente).

Lo consiguió y después de tres meses de contacto cero, empezó a ser ella de nuevo. La Elisa alegre y vital que creía en sí misma. Se independizó y creó un nuevo círculo de amistades con las que se sentía muy bien. Sentía que encajaba totalmente, que buscaban lo mismo. Empezó a hacer deporte regularmente y su aspecto mejoró muchísimo.

Con el tiempo y la distancia, Elisa pudo darse cuenta de lo que sucedía. Cuando tenemos perspectiva lo vemos todo muy claro, y ella necesitaba hacer todo aquel proceso para conseguirlo. Elisa merecía ser feliz, y por fin lo había conseguido.

## El aislamiento y la pérdida del yo

La persona dependiente se va encerrando cada vez más en su dependencia. Vive por y para el otro. Solamente está pendiente de él.

Es frecuente que no haga planes con amigos u otras personas, para estar disponible si su pareja le propone algo a última hora. Como a menudo esto no pasa, la persona se acaba quedando sola y sin hacer lo que de verdad le hubiera gustado (y además sintiéndose completamente idiota por ello).

Por este motivo dejamos de cuidar a otras personas importantes en nuestras vidas. Los amigos nos van soltando poco a poco, hasta que nos encontramos solos con el otro. En cierta manera, esto al dependiente «le va bien» y «le gusta», pero es un arma de doble filo. Sobre todo porque la relación es dañina.

Hablamos de pérdida del yo porque la persona deja de ser quien es. Debido a que está totalmente focalizada en el otro, en lo que el otro quiere, desea, decide, le gusta o piensa, la persona que sufre la adicción se convierte en lo que cree que el otro busca. Pero os aseguro que ningún alma va a sentirse libre y feliz, cuando el cuerpo que habita decide renunciar al amor, al respeto, a la confianza y la aceptación de sí mismo.

He visto tantísimos casos... Personas que dejan de vestir como les gusta y como les hace sentir bien, que dejan de realizar las actividades, *hobbies* o trabajos con los que se sienten realizadas, que renuncian a sus propósitos de vida porque no encajan con los del otro, e incluso personas que se arruinan por sentir que tenían que seguir el nivel de vida del otro, aunque esto implicara invertir su dinero en viajes u objetos que en ese momento no eran deseados de corazón.

Cuando uno sufre una pérdida del yo, entra en un terreno pantanoso. Llega un momento en el que ya no sabe si está actuando así por el otro o porque realmente es así. Las cosas que al principio le irritaban tanto, ahora incluso parece que le agradan, y puede decidir adoptar la postura del otro aunque en el fondo no le parezca bien, engañando a su mente y haciéndole creer que está de acuerdo.

# MARIELA

Mariela era una empresaria joven, con un gran talento, tanto profesional como personal. Era una persona con un don de gentes destacable, muy sociable y amiga de sus amigos. Disfrutaba compartiendo momentos con ellos, cocinándoles u organizando salidas juntos a la montaña. Había terminado con una relación de ocho años y estaba viviendo un momento muy vital, muy activo, en el que era ella misma al ciento por ciento.

En una de esas excursiones a la montaña (le apasionaba), conoció a Enrique, un joven apuesto y muy cariñoso que la cautivó. Al mes y medio, puesto que él vivía solo y ella compartía piso con una amiga, se fue a vivir con él. Tal y como suele pasar en esos casos, se dijo: «Para estar pagando alquiler y pasar la mayoría del tiempo en su casa, mejor me traslado allí». En mi opinión, esto es un error, pero a veces tenemos que caer en él para aprender lo necesario.

Empezaron a vivir al tiempo que se iban conociendo. Enrique resultó ser un chico bastante inestable y controlador. Le decía que no le gustaba cómo vestía hasta el punto de prepararle sobre la cama cada día lo que se tenía que poner. Al principio a ella le hacía gracia, hasta que ya no pudo volver atrás.

Cada vez que sus amigos organizaban una salida, él decía que no le apetecía y proponía planes alternativos para los dos solos. Con el tiempo, dejaron de llamarles, y ella recordaba con nostalgia el tiempo en el que compartían las excursiones que tanto le gustaban.

Y así, Mariela se sentía cada día más infeliz, más triste y desdichada. Se planteó dejar a Enrique muchas veces, pero él le decía que la necesitaba y ella se sentía mal por querer abandonarle. Y seguía allí, perdiéndose a sí misma poquito a poco.

Se iba anulando más y más, eclipsaba su personalidad original, más pura y auténtica. Las personas que sufren situaciones de este tipo, tienen la sensación de que se han perdido a sí mismas. Se miran al espejo y se preguntan: «¿Quién era yo? ¿Cómo soy yo en realidad? ¿Cómo era?».

Sin embargo, hay algo en el fondo de nuestro corazón que nos dice que no somos así, algo se nos escapa y deberíamos actuar para controlarlo.

Cuando llegamos a este punto, se abren dos caminos, que son los más habituales. Elegiremos uno u otro en función del nivel de conciencia que tengamos de lo que nos pasa. El primero lo escogeremos conscientemente, el segundo no.

* Pedir ayuda terapéutica.

* Atraer a una tercera persona.

## La tercera persona

Muchas de las personas que sufren dependencia emocional, en algún momento atraen a su vida a una tercera persona.

Este nuevo personaje tiene una única misión: ayudarles a mirar hacia otro lado, fuera de su relación de pareja, a volver a conectar con el mundo que los rodea, el mundo de las posibilidades, de los cambios, de la libertad. Y si esta tercera persona tiene suficiente fuerza, incluso conseguirá sacarnos de la relación adictiva. Es decir, llegaremos al punto de dejar nuestra relación por dicha persona.

Normalmente, vemos en ella todo aquello que deseamos y no encontramos en nuestra pareja. Nos centramos en estos aspectos y la vemos como si fuera un ideal. Nos llena de magia, de ilusión, de nuevos sueños. Pero ¿qué pasa cuando este tercero se hace presente, es decir, cuando sale a la luz esta historia?

Lo más frecuente es que cuando nuestra pareja se entera, se genere un conflicto importante en la relación, con dos posibles consecuencias:

* Que al saberlo, la relación con la tercera persona se rompa completamente y volvamos a centrarnos en nuestra pareja, presos del miedo a perderla.

✳ Que nuestra relación de pareja se rompa e iniciemos una relación con esta nueva persona, aunque en este caso, lo más probable es que no funcione.

¿Y por qué no? Tal y como hemos comentado, «la atraemos» a nuestra vida de manera inconsciente únicamente para que nos ayude a salir de donde estamos, pero no porque sea la persona con la que de verdad deseamos compartir el resto de nuestros días.

No podemos olvidar que la elegimos sin darnos cuenta, estando nosotros en una relación de dependencia, enganchados a otra persona..., y como podéis imaginar, desde ahí no podemos tomar decisiones de una manera muy clara, consciente y libre.

A menudo, el resultado final es que además de sufrir para salir de nuestra adicción, después lo pasemos mal al ver cómo sufre esta tercera persona, que lo más probable es que esté honestamente ilusionada con el inicio de su relación con nosotros.

Nos guste o no, somos dependientes de otro. No podemos soltar esa dependencia de un día para otro por mucho que se nos cruce por delante el más azul de todos los príncipes.

Primero tenemos que atravesar todo nuestro proceso de «desenganche» hasta el final. Con las subidas y bajadas, la melancolía, la fuerte necesidad, las recaídas y la asfixia que provoca necesitarlo y saber que «no debemos», que tenemos que aguantar, que ser fuertes...; es muy duro, cierto, pero hay que pasarlo, no hay alternativa si queremos recuperarnos.

Solamente así, con fuerza de voluntad, razonamiento y conciencia, conseguiremos llegar al final del túnel. Solo así podremos volver a inhalar aire fresco, sentir una inmensa paz interior y, lo más importante, saber que somos libres.

Es al llegar a este punto cuando podremos empezar una nueva relación de pareja con alguien a quien escojamos de manera consciente. Si hemos hecho todo el proceso correctamente, sabremos cómo queremos que sea esta otra persona, qué valores buscamos en ella y cómo vamos a continuar siendo nosotros. Tendremos claro qué es lo que vamos a aceptar y lo que no toleraremos nunca más.

# SONIA

Sonia llevaba cuatro años con Ignacio, un chico que no la hacía feliz. Él no era una mala persona, pero debido a que ella era infeliz, tenían discusiones cada vez más destructivas en las que su autoestima se iba deteriorando. Él dependía en exceso de su familia y no podían planear nada juntos sin contar antes con la aprobación de los demás. No se planteaba dejarle, eso era completamente impensable para ella, y su único objetivo era conseguir aceptarle tal como era él. No le tenía confianza debido a sus infidelidades en anteriores relaciones y a algún capítulo poco claro que vivieron juntos (mensajes extraños recibidos en el móvil a medianoche, llamadas a las que él no quería atender, etc.).

Un día, Sonia empezó a sentirse atraída por un amigo de él, Vicente. Era un chico independiente, sus padres estaban lejos y él solo se había construido su vida. Tenía ganas de encontrar una chica con quien compartir el día a día y se enamoró completamente de Sonia. Era todo lo opuesto a Ignacio, tenía todo lo que a él le faltaba. Le parecía que encajaba a la perfección con Sonia. Ella al principio se asustó por lo que estaba sintiendo hacia Vicente, pero se dejó llevar. Se vieron varias veces hasta que llegó el día en que la ansiedad de estar engañando a su pareja la superó y le confesó que se había enamorado de Vicente.

Ignacio entonces entró en pánico. Le prometió que iba a hacer todo lo posible por cambiar y convertirse en lo que ella quería, en darle seguridad, en compartir, en centrarse en la relación y en priorizarla a ella. Era todo lo que ella siempre le había pedido. Con tantas promesas, Sonia no pudo evitar volver con él, viendo que él seguía luchando por no perderla. Soltó a Vicente haciéndole muchísimo daño, puesto que él se había ilusionado de verdad con la idea de empezar una relación juntos.

Pero no podía dejar de sentir lo que sentía por Vicente. Acabó engañando a Ignacio, y también a Vicente, sin saber cómo parar aquello. Su ansiedad era cada vez mayor, así como su infelicidad. No dormía bien por las noches, se despertaba de repente y casi no se podía concentrar en el trabajo. Solo tenía ganas de llorar. Su vida era de un negro muy oscuro.

Al final Vicente se cansó y se apartó de ella, al tiempo que ella se dio cuenta de que en realidad no le quería. Él solamente había aparecido en su vida para que ella viera que existían chicos que encajaban con lo que ella buscaba y que no sentía eso con su pareja. Siguió un año más con Ignacio. Fue un año terrible, lleno de reproches, desconfianzas y engaños por parte de él. Ella quedó totalmente atascada en una mezcla de culpa, frustración e infelicidad que la iban destruyendo poco a poco.

Un día, Sonia tocó fondo y aceptó que él le estaba demostrando que ya no la quería. Se comportaba de una manera que no podía seguir aceptando. La arrinconaba, la ninguneaba y la hacía sentir mal. Al ver que no podía continuar aceptando aquello, dijo basta. Consiguió cortar el contacto, recuperando así, poco a poco, su vida.

Hoy Sonia tiene una pareja con quien vive una relación maravillosa, fácil, y sobre todo es feliz.

# Las dudas

Las dudas, como ya comentábamos al principio, son un ingrediente bastante habitual cuando hay dependencia. Como sucede con esta, pueden aparecer en uno o en los dos miembros de la relación: uno no sabe lo que siente por el otro, si le quiere o no, no tiene claro si le ve como a su pareja o como a un amigo, no sabe si le gusta cómo es realmente el otro, si quiere continuar con la relación o dejarla. Incluso no sabe si es feliz.

Si una persona tiene una relación sana con su pareja, va a tener claro qué es lo que siente. Si quiere estar con él o no, qué es lo que le gusta y lo que no le gusta del otro.

Si por el contrario no lo tiene claro, es que algo va mal. Es entonces cuando debemos vigilar muchísimo, porque podemos quedar atrapados, a la espera de que el otro se decida. Imaginaos la situación: ¡estar esperando que el otro decida si quiere estar conmigo o no! ¿No os parece increíble? Es muy triste quedar a la espera de que el otro decida si soy o no la persona con quien quiere estar, si me ve lo suficientemente buena, atractiva, interesante para compartir su vida conmigo.

Volvemos a la autoestima. Si tenemos un buen concepto de nosotros mismos, si nos valoramos y nos queremos, os aseguro que no vamos a tolerar eso bajo ningún concepto. A lo mejor al principio sí, pero la espera va a durar muy poco.

Nos daremos cuenta de que si no sabe si nos quiere o no sabe si quiere estar con nosotros, debemos seguir nuestro camino sin él. Si algún día se decide, perfecto, seguramente nos lo hará saber. Si aún estamos disponibles y sentimos lo mismo por él, podremos volver a intentarlo. Si quiere volver y hemos averiguado que no es lo que queremos, nos habrá hecho un favor.

Y si una vez rota la relación ya nunca más quiere volver, nos alegraremos (tarde o temprano) de haber cortado, porque cuanto antes lo haya hecho, antes comenzará nuestro proceso de recuperación de nosotros mismos.

Las dudas pueden dejarnos anclados durante mucho tiempo en una relación sin futuro, haciéndonos ilusiones por cualquier cambio que solo nosotros vemos (debido a las ganas de verlos), aunque ni siquiera existan. Puede convertirse en un período de lo más destructivo para nosotros.

## El maltrato psicológico

Muchas veces, cuando hay dependencia también hay maltrato físico o psicológico. Vamos ahora a centrarnos en este último.

No se da en el ciento por ciento de los casos, pero en muchas ocasiones el maltrato psicológico está implícito, aunque la persona afectada acostumbra a ser la última en darse cuenta y la más sorprendida al verlo, en general durante el proceso terapéutico en el que se analizan los detalles de su relación.

Cualquier persona que esté en una relación en la que su pareja la insulta, le falta al respeto, la denigra o la humilla, es una persona que sufre maltrato psicológico.

Que nos hagan sentir feas, inseguras o tontas, con comentarios como «Eres una guarra», «Eres una inútil» o «Eres una puta», o acciones como escupirnos o dejarnos encerradas bajo llave en una habitación, no deberíamos permitirlo más de una vez. Una debería ser más que suficiente, porque la persona que habla o trata así a su pareja, aunque sea en una sola ocasión, es una persona con un perfil y una historia determinados, que harán que nunca deje de comportarse de esa forma. No debemos engañarnos, no cambiarán. No merecemos ese trato bajo ningún concepto. Nada de lo que hayamos hecho o dicho puede justificarlo.

La persona que respeta a su pareja jamás (ni con el mayor de los enfados) le hablaría así.

Y como en todo: el que hace algo una vez, puede que no lo haga más. El que lo hace dos veces, lo más probable es que lo haga una tercera. Pero el que lo hace tres veces, no hay duda de que lo seguirá haciendo siempre.

## ¿Cuáles son las características de una relación con maltrato psicológico?

* Te anulan la autoestima: te dicen o te hacen sentir que no sirves para nada, que eres un o una inútil, te ningunean, te desprecian. Esto, a su vez, hará que no te sientas «capaz de irte», de acabar con aquello, puesto que piensas: «¿Y adónde voy a ir...?».

* El maltratador te da órdenes que tienes que obedecer y sientes que no tienes ninguna opción de quejarte o de expresar disconformidad porque va a ser peor.

* No te permite ser quien eres, hacer las cosas que te gustan, ir a los sitios que te hacen disfrutar.

* Te van alejando cada vez más de tu gente, te hablan mal de tu familia, de tus amigos y de todos los que te quieren hasta que te quedas solo.

* Te juzgan: lo que tú haces, cómo eres, cómo hablas... Te llevan a que cambies.

* En el caso de las mujeres, a veces si sus maridos abusan del alcohol, puede que también haya agresiones físicas como violaciones.

* En el caso de los hombres, acostumbran a recibir agresiones verbales, acusaciones de cosas que no han hecho, críticas que destruyen su autoestima..., quedando así completamente anulados.

* El maltratador te culpa de lo que sucede, incluso de cosas que te son ajenas, haciéndote responsable de todo lo malo que hay en su vida. Aunque sean cuestiones del todo irracionales.

Recuerdo a Rosa, una mujer muy fuerte, que conoció a Eduardo con diecisiete años. Él era mayor y se casaron en unos meses al quedar ella embarazada. Una vez en la casa común, descubrió que era consumidor habitual de cocaína y alcohol. Treinta años más tarde, después de haber sufrido lo que solo ella sabe (engaños, golpes, insultos, infidelidades, etc.), la ha arruinado pidiéndole dinero y gastándolo en alcohol y drogas. Él está enfermo del hígado y a punto de quedarse en la calle, y sigue llamándola y diciéndole que sus problemas con el alcohol son culpa de ella.

Increíble. Pero lo peor de todo es que ella se plantea si a lo mejor él tiene razón...

## ¿Qué pasa en realidad?

Por un lado, nos hemos «acostumbrado» a su trato irrespetuoso con nosotros (incluso con los hijos, si los hay), a que nos insulte, nos degrade y nos humille constantemente. Lo vemos como algo «normal», no nos imaginamos o no recordamos cómo es cuando alguien nos trata con respeto, ternura y amabilidad.

A veces, las personas de fuera no ven o no saben cómo es esa persona, y no nos creen si les explicamos lo que sufrimos, debido a que en el exterior el maltratador da otra imagen, con lo cual nos sentimos absolutamente solos, no podemos desahogarnos ni contarle nuestra situación a casi nadie. Incluso nos harían dudar de si estamos locos, de si somos nosotros los que desvirtuamos la realidad, los que estamos fallando...

Si alguien ajeno a la relación que nos quiere (un familiar, un amigo, etc.) se da cuenta de lo que pasa, nos animará profundamente a que dejemos a esa persona, a que nos larguemos de allí cuanto antes con lo que nos quede de dignidad.

De todas maneras, si por la misma dependencia emocional, una vez que nos hemos ido esa persona viene a manipularnos..., lo más probable es que lo consiga si aún no nos hemos recuperado. Sus palabras para conseguirlo: «Sabes que te quiero», «Lo que hay entre nosotros es muy especial, nadie más lo puede entender», «Voy a cambiar». Debemos repetirnos cuantas veces sea necesario: ¿te quiere? ¡Tápate los oídos y mira! No escuches lo que te dice..., solo observa lo que hace, cómo se comporta contigo.

Y si eso pasa, si nos dejamos manipular y cedemos ante la dependencia, es probable que esas personas que nos quieren y que nos han ayudado a salir de allí no nos entiendan. Que no logren comprender de ninguna manera cómo hemos sido capaces, con lo que nos ha hecho, de volver a «caer». Nosotros mismos tampoco lo comprendemos. Es muy frecuente que si cedemos, si aceptamos volver a tener relaciones sexuales con el otro, por ejemplo, que mientras lo hacemos nos estemos preguntando por qué y nos sintamos terriblemente mal. Es como si alguien poseyera nuestra mente y nos hiciera actuar como marionetas en manos de un malvado actor.

En cualquier caso, como decíamos, las personas que sufren este tipo de maltrato psicológico se vuelven cada vez más dependientes. Cada vez más ven las agresiones como algo más natural, habitual, se acostumbran a ello, hasta tal punto que les cuesta muchísimo salir de allí. Hasta tal punto que a menudo te dicen que no están seguras de si quieren abandonar al otro en realidad. Evidentemente quieren salir, pero su nula autoestima las confunde y las bloquea.

Una vez que uno lo consigue y sale, después empieza el duro camino de volver a empezar. Digo duro porque es un nuevo comienzo, partiendo de un pasado que ha dejado muchas huellas en su piel, muchas grietas en sus ojos y demasiadas heridas en su corazón, como para dejarlo atrás sin más, en el olvido. Y es que, al final, cualquier separación no deseada es una crisis vital para nosotros.

Nuestra mente no tiene límites, pero afortunadamente tenemos una grandísima aliada: la razón. Ella es, en mi opinión, la única que nos puede ayudar a soltar, a resistirnos con fuerza, a no volver atrás, a decidir salir del infierno con firmeza..., y hay que recordar que una recaída no es el fin del mundo ni es perder todo el camino hecho. Es simplemente un capítulo más que nos confirma que debemos liberarnos cuanto antes.

Una vez que hemos tomado la decisión correcta, aquella que apuesta por nosotros, que nos pone en primer lugar, el tiempo será nuestro mejor bálsamo, nuestro gran amigo. Él nos limpiará la memoria y la llenará de nuevos capítulos en los que sin duda volveremos a sonreír y recordaremos por qué esta vida vale la pena.

# JOAQUÍN

Aún me acuerdo del día en que Joaquín me llamó para pedir hora. Venía de lejos, pero al leer mi blog se había sentido identificado en varios aspectos y decidió contactar conmigo. Sus palabras fueron:

—No sé si me puedes ayudar, ni si realmente necesito ayuda o no. Pero no estoy seguro de si estoy sufriendo maltrato psicológico. Mi hermano me pasó tu web y a lo mejor me iría bien hablar contigo sobre todo lo que estoy viviendo; igual no es nada malo, tampoco creo que sea tan grave, pero me siento cada día peor.

A los pocos días vino a hacer una primera sesión. Joaquín sufría un maltrato psicológico de lo más exagerado y dañino. Vivía en una casa con su mujer, Mayra, sus suegros, su hija de siete años y un bebé de once meses.

La casa pertenecía a los suegros, que eran dos personas con un perfil de maltratadores psicológicos absolutos. Desde que se casó con Mayra, empezó a dejarse manipular por ella y sus padres en todo. Fueron anulándole cada vez más hasta conseguir que se sintiera totalmente inútil e incapaz de nada. Hay que decir que Joaquín era profesor de Historia en la universidad y nunca dejó las clases, a pesar de que cada vez le costaba más prepararlas y enfrentarse a ellas.

Su dinero lo controlaba su mujer. Lo que él cobraba lo gestionaba ella. Él no tenía nada y le tenía que pedir dinero a ella cada vez que lo necesitaba, viéndose obligado a darle explicaciones en cada situación. Cuando ponía gasolina, cuando tenía que pagar material para su trabajo, etc. También tenía que soportar sus interrogatorios cada vez que llegaba a casa, si a ella no le cuadraban los horarios, y empezó a acusarle de que la engañaba con otra mujer. Él no le daba absolutamente ningún indicio para que pensara eso.

No le dejaba que llevara a su hija mayor a ver a sus padres (los abuelos paternos de la niña) porque opinaba que no la trataban bien y la malcriaban. No se la podía llevar con él a ninguna parte. Incluso llegó a decirle que cuando la vestía no la tocara de esa forma, provocando que él empezara a coger inseguridad a la hora de cuidar a la pequeña.

Le denigraban y le humillaban a diario. La anulación y el deterioro eran tales, que incluso él acababa admitiendo que había hecho cosas que no hizo para dejar de escucharlos... Joaquín vivía un auténtico infierno.

Mayra no trabajaba y solo le pedía que hiciera más horas para que trajera más dinero a casa. Prácticamente mantenían a sus suegros.

Le insultaban siempre y le hacían creer que lo merecía, que era un inútil y que todo era culpa suya. Su mujer le decía que no le deseaba y solo tenían relaciones sexuales cuando ella quería. De hecho, cuando quiso volver a quedarse embarazada (en contra de la voluntad de él), fue ella quien le buscó y le engañó, diciéndole que tomaba anticonceptivos. Así fue como llegó el bebé que había nacido hacía once meses.

Joaquín no tardó en darse cuenta de lo que sucedía en realidad. Cada vez se encontraba peor físicamente, no dormía, tenía ansiedad, le dolía el estómago y padecía unos dolores de cabeza cada vez más fuertes.

Empezamos a plantear el hecho de que se fuera de casa. La familia de él le apoyaba al ciento por ciento. Todos rezaban para que se alejara de allí, de esa mujer maltratadora, de esa familia, todos querían que se liberara. Aun así, no lo conseguía. Cuando se planteaba la idea de hablar con ella y decirle que se iba, le venía tal ansiedad que su cuerpo se bloqueaba por completo, se quedaba inmovilizado y le era imposible pasar a la acción.

Un día en la consulta, le pregunté:

—¿Tienes claro que quieres irte?

—Sí, lo tengo clarísimo, pero no soy capaz.

—¿Por qué no llamas desde aquí? Yo te apoyo. Si confías en mí, te prometo que todos los síntomas de ansiedad que sientes al pensar en llamar, desaparecerán completamente antes de que cuelgues de nuevo. ¿Confías?

Estuvo dudando un rato, pero finalmente cogió el móvil. Su mano temblaba exageradamente, así como sus piernas. Estaba pálido, y más lo estuvo cuando se escuchó la voz de aquella mujer desde el otro lado del teléfono.

—¿Sí?

—Mayra, soy yo. Te llamo para decirte que no voy a volver a casa. Que me separo de ti, que no quiero continuar con esta situación... Ya sabes que me siento muy mal y esto no puede seguir así.

—¡Ah, ¿sí?! ¿Así que nos vas a dejar a las niñas y a mí? En tu línea, ¿verdad? Como un cobarde, siempre como un cobarde. Estás con alguien, ¿verdad? Tienes a otra, claro... Si ya lo decía yo, ya lo sabía yo... ¡Maldito hijo de...!

Cuando colgó, estaba de lo más tranquilo. Empezó a llorar y llorar sintiéndose totalmente aliviado, liberado y feliz como nunca. En ese momento no creía lo que acababa de hacer, pero sabía que había hecho lo correcto. Sabía que no iba a ser fácil, puesto que aquella mujer sin duda se lo iba a poner difícil con los hijos, pero con el apoyo de los que le querían podía superar lo que fuera. Joaquín empezaba a sentirse feliz por primera vez.

Vivió unos meses bastante duros de juicios, sin poder ver a los pequeños, pero se recuperó a si mismo y ahora, con la distancia, no tiene ninguna duda de que es capaz de conseguir lo que quiera y que jamás permitirá que nadie le anule ni le trate de nuevo de una forma indigna para él.

Hoy Joaquín es feliz, pero para conseguirlo tuvo que comprender lo que le estaba pasando, aceptarlo y dar un paso al frente, aunque fuera con todo el pánico del mundo. Lo consiguió y hoy tiene su recompensa.

## Dejar que nos manipulen

Cuando hay dependencia, acostumbra a haber manipulación. No de una manera consciente y premeditada, pero surge y es parte del vínculo generado a lo largo del tiempo entre los dos.

Y está claro que si hay uno que manipula, tiene que haber otro que se deje manipular, que se someta y acepte. De no ser así, su papel no tendría sentido.

Puede que nos haga sentir culpables de lo que no va bien en la relación; puede que él haga cosas que no nos gustan y acabemos pensando que somos nosotros los que estamos fallando (atribuyéndonos conductas que no hemos realizado ni van con nuestra manera de actuar).

El efecto de la manipulación es tal, que llega un punto en que ya no sabemos la parte real de responsabilidad que nos corresponde y la parte que nos hemos creído tras escucharle durante horas.

En estas situaciones, es muy importante que hablemos con otras personas. Cuando explicamos en voz alta ciertos momentos que vivimos a diario, a un amigo o alguien de confianza que nos quiere, enseguida se dará cuenta de si estamos distorsionando la realidad a causa de la manipulación del otro o si lo que decimos tiene sentido.

Contrastar con una tercera persona aquello que no acabamos de tener claro y que nos hace sentir mal nos ayudará a recuperar la perspectiva correcta.

Nunca deberíamos quedarnos en la típica idea de «Pero es que él dice que yo...». Hay que ir más allá. Que el otro nos esté señalando constantemente con el dedo no es suficiente para aceptar lo que dice y creerlo, al tiempo que nos hundimos y culpamos. No debemos aceptarlo porque sí. Si lo contrastamos, nos llevaremos más de una sorpresa.

No es fácil que una persona que ha sido manipulada psicológicamente durante mucho tiempo acepte que la realidad no es como la ve. A menudo trabajo con casos en los que tengo que estar confrontando continuamente sus palabras con la realidad, porque si no, funcionan como un disco rayado que repite lo mismo una y otra vez. Es como si estuvieran programados con esas frases con las que protegen al otro y se culpan a sí mismos sin cesar. En cuanto dejan entrar a la razón, poco a poco despiertan y abren los ojos a la realidad que tienen delante. No dan crédito a lo que ven y al final no tienen más remedio que rendirse a la evidencia de lo que ha estado pasando.

Si estamos experimentando algunos de estos síntomas, seguramente nos sentimos incapaces de renunciar a la relación de pareja que tenemos en este momento.

De ser así, me gustaría que antes de pasar al siguiente capítulo, quedara muy clara la diferencia entre resignación y aceptación.

Cuando sufrimos dependencia emocional, sin duda estamos absolutamente resignados, y esto es lo peor que podemos hacer.

La resignación es tóxica, dañina, negativa y nos conecta con la rabia, la frustración y la incapacidad. Significa conformarnos con la situación que tenemos, creyendo que no podemos hacer nada por cambiarla, cuando es justo al contrario. Acostumbramos a resignarnos bajo la expresión: «Es lo que hay, qué le vamos a hacer». De esta forma quedamos atrapados porque estamos convencidos de que no hay nada que hacer.

La aceptación, en cambio, es saludable y necesaria en estos casos. Nos conecta con la libertad, la fuerza y el poder. Debe darse cuando realmente no hay nada que hacer, porque lo que ha ocurrido no depende de nosotros. Si un huracán se lleva mi casa, es lo que hay. Si un familiar muere de repente, es lo que hay. Si mi pareja me dice que se quiere ir porque ya no me quiere, es lo que hay.

Son situaciones que no dependen de nosotros. Pero si estoy con una persona que no me hace feliz porque no encaja con lo que yo quiero, o no me gusta su manera de ser, y vivo sumida en la ansiedad y la tristeza, no «es lo que hay». Es lo que yo estoy eligiendo. Puedo cambiarlo, porque eso sí depende de mí, sí está en mis manos. Nadie me obliga a estar con esa persona, soy yo quien decide. Si no me gusta lo que tengo, nunca debería elegir respuestas como «Es lo que hay» o «Y qué voy a hacer».

Debemos pasar a la acción.

En definitiva, podríamos esquematizarlo de la siguiente manera:

# CAUSAS DE LA DEPENDENCIA EMOCIONAL

Seguro que aquellos que están sufriendo una dependencia emocional se sorprenden cuando ven otras relaciones que se rompen, y lo llevan bien, con soltura y madurez. Incluso los hay que pueden seguir siendo amigos. Y es que el hecho de que la relación se acabe no tendría que significar litigios y problemas innumerables (aunque inexplicablemente suele ser así). Lo normal por nuestra naturaleza, siendo conscientes de nuestro potencial y nuestra valía, sería que al ver que la relación no funciona nos fuéramos y continuáramos nuestro camino sin demasiadas dificultades. Pero está claro que esto no es así.

¿Por qué algunas personas pueden salir de una relación que no funciona sin demasiadas dificultades y otras no? ¿Por qué algunos quedan atrapados en relaciones tóxicas y destructivas mientras que otros las abandonan cuando es necesario hacerlo? ¿Cuál es la diferencia?

Hay dos factores (totalmente relacionados entre sí) que facilitan que quedemos aprisionados en una relación de pareja disfuncional: la baja autoestima y el miedo a quedarnos solos.

# Baja autoestima

Hablar de autoestima es hoy en día bastante frecuente; de hecho, cada vez estamos más familiarizados con el concepto. Aun así, pienso que es necesario que analicemos este apartado con detenimiento, porque se trata de un aspecto fundamental para nuestro correcto desarrollo, y para que logremos alcanzar una vida plena y feliz de verdad. No hay duda de que la autoestima afecta a las áreas más importantes de nuestra vida: cómo nos relacionamos con nosotros mismos y con las otras personas, cómo es nuestra relación de pareja y cómo nos relacionamos en el trabajo, en los estudios, nuestros propósitos o nuestros éxitos.

## ¿Qué es la autoestima?

Cuando hablamos de autoestima, nos referimos a la confianza que tenemos en nosotros mismos, a sentir que poseemos los recursos, las capacidades y las aptitudes necesarias para solucionar cualquier cambio o situación inesperada que la vida nos depare. Se trata de tener la certeza de que pase lo que pase saldremos adelante, que lo resolveremos. No importa el cómo, sino sentir que podremos con ello. Después, cuando sea el momento, una vez que hayamos dado el primer paso, ya veremos cuál será el siguiente.

Tener una buena autoestima implica mejorar nuestro auto-conocimiento, es decir, conocernos mejor a nosotros mismos. Para que yo pueda confiar en mis capacidades, es necesario que haga un proceso para descubrir y constatar que realmente dichas capacidades están en mí. Cuando tenga claro mi potencial, me sentiré segura de mí misma sin problema.

Para ello, lo mejor es realizar un trabajo de crecimiento personal. Se trata de descubrirnos, de quitarnos todas las capas que nos hemos ido poniendo encima durante toda nuestra vida, y enfrentarnos cara a cara con lo que hay debajo, con lo que somos de verdad.

### ¿Cómo podemos fortalecer la autoestima?

Podemos emprender un proceso de crecimiento personal para fortalecer la autoestima por medio de varias vías, que implicarán una mayor o menor conciencia por nuestra parte.

Una de estas vías es participando en un grupo de crecimiento personal. Se trata de un trabajo grupal en el que cada miembro hará su propio proceso de autodescubrimiento, al tiempo que va observando, nutriéndose y aprendiendo de los procesos que hacen el resto de los miembros del grupo. Vernos reflejados en los demás puede ser muy revelador para nosotros. Nos damos cuenta de que no somos los únicos que nos sentimos de esa manera; desarrollamos nuestra empatía con los demás, nos ponemos en su lugar, en su piel, logrando comprender mejor sus decisiones, sus actos y sus sentimientos.

Cuando conectamos con el otro, cuando podemos llegar a sentir su dolor en nuestro propio corazón, llegamos a la verdadera empatía, y entonces podemos ayudarle a sentirse mejor desde nuestra más sincera aceptación. Sin juicios, sin consejos, sin opiniones. Aprender a aceptar al otro es el regalo más grande que le podemos hacer a él y a nosotros mismos.

La aceptación nos permitirá generar confianza, honestidad,

apertura y transparencia, lo cual facilitará que la relación se haga más estrecha, más fuerte y duradera. Al sentirse tan cómodo en ese espacio, cada miembro del grupo se mostrará tal cual es. Acabará exponiendo sus miedos, sus inquietudes y sus sueños, de una manera que seguramente no haría con ninguna otra persona. Y si al mismo tiempo está utilizando las herramientas que se le van enseñando para fortalecer la autoestima, cada vez se sentirá mejor siendo quien es, mostrándose tal cual es..., incluso acabará sintiéndose orgulloso por ser así, y esto es fantástico...

Entonces aparecerá el reconocimiento.

Cuando nuestra autoestima es muy baja, es frecuente que no nos guste que nos reconozcan nuestras cualidades, que nos digan cosas buenas sobre nosotros mismos: «¡Qué bien te sienta este color!», «Hoy estás muy guapa», «¡Qué falda más bonita llevas», etc. Si esto pasa, acostumbramos a cambiar de tema inmediatamente o a quitarle importancia a aquello que nos digan: «¿Esta falda? Nada..., me la compré de rebajas hace un montón de tiempo», «Qué va, si no he dormido nada bien y tengo una cara de sueño..., estoy fatal», etc.

Aun así, aceptar el reconocimiento es una clara señal de buena autoestima. Si uno se conoce y sabe apreciar sus cualidades, estará contento y le gustará el sabor de las palabras de los demás. Entonces, se limitará a agradecer su comentario con un simple «gracias». Esto sería más que suficiente, y mucho más sano y adecuado que apresurarnos a quitarnos mérito o a desmerecernos.

Cuando aparece el reconocimiento, tenemos que aprender a potenciar el agradecimiento hacia los demás, hacia nuestro entorno y sobre todo hacia nosotros mismos.

Levantarnos cada mañana sintiéndonos agradecidos por lo que somos, por lo que tenemos y por lo que podemos llegar a ser, es fundamental para empezar bien el día, de una manera positiva y armoniosa. Es ideal para que tengamos una mayor apertura en nuestra mente, que nos permitirá apreciar mucho más todo lo bueno que nos rodea y nos hará sentir mucho mejor.

Hay personas a quienes les da miedo hacer un proceso en grupo, o les cuesta mucho mostrarse ante los demás. Incluso llegan a verlo imposible y se niegan rotundamente a tal posibilidad. Son casos en los que hacer un proceso grupal es aún más recomendable y casi me atrevería a decir necesario, porque les ayudaría a superar esta barrera que los está frenando.

El trabajo de crecimiento personal también se puede realizar mediante un proceso terapéutico individual con un psicólogo o terapeuta especializado en este tema. Se trata de hacer el mismo trabajo que hemos descrito para el grupo, pero de una manera individualizada.

En las sesiones individuales, se podrá profundizar más en uno mismo, al estar toda la atención focalizada en ello. En lo que respecta a nuestro crecimiento, es sin duda un proceso muy transformador. Te descubres, encuentras tus heridas más profundas y tienes la oportunidad de curarlas por fin, con cariño, con ternura, recuperando el amor más auténtico e incondicional hacia ti mismo. Al hacerlo empiezas a sentirte mucho mejor, más fuerte, más valioso y más capaz. Y está claro que desde ese punto, estás preparado para hacer todos los cambios que consideres necesarios.

De hecho, lo que se recomienda es empezar haciendo un trabajo personal, en el que uno pueda descubrirse y adquirir un mayor autoconocimiento, y después, si deseamos continuar, realizar un proceso grupal para incorporar todo lo que aportan los demás, partiendo de un nivel de conciencia más elevado (lo cual siempre nos enriquecerá).

Tanto el grupo de crecimiento personal como las sesiones individuales son procesos en los que participamos de manera consciente. Tomamos la decisión de hacerlo, porque queremos aprender, crecer, desarrollarnos de una manera sana y equilibrada, potenciando nuestras capacidades.

Una tercera vía es leer libros de autoayuda o de crecimiento personal. Libros de este tipo hay muchos, pero solo algunos nos ayudarán de verdad. Debemos aprender a escoger los más adecuados para lo que nos sucede e intentar quedarnos, bien con aquellos de los que tengamos buenas referencias de alguien de confianza, bien con aquellos que están escritos por autores que ya conocemos y sabemos que nos ayudan de verdad con su manera de pensar y de transmitir la información. Por esto decidí escribir mi libro *Autoestima automática* (Zenith), que te recomiendo encarecidamente que leas.

A grandes rasgos, considero que hay dos tipos de libros de autoayuda:

* Los que te explican lo que te pasa —algo que ya sabes perfectamente— y te cuentan que hay muchas otras personas que están en una situación parecida (esto está claro que reconforta, pero no ayuda a superar los problemas).

* Los que te hacen pensar y te ayudan a analizar tu situación y verla de otro modo que quizá te sorprenda. Estos son los que te harán crecer, los que «van a sumar». Son los que harán que te des cuenta de que quizás estás posicionado en el rol de víctima, siempre quejándote de las mismas cosas sin hacer nada, y te hagan ver que debes responsabilizarte de tu vida, y que si quieres un cambio, tendrás que pasar a la acción.

Hay una cuarta vía de crecimiento que se diferencia de las anteriores porque no siempre la vivimos de una forma consciente: con nuestro día a día. Está claro que con nuestra vida diaria, todos estamos creciendo, aprendiendo e incorporando cosas nuevas. La vida es nuestra mejor escuela, pero a menudo nos falta el maestro adecuado para traducir, sintetizar, resumir y hacer que nos demos cuenta de todo lo que pasa en nuestra interacción con el mundo. La manera en que nos relacionamos, cómo afrontamos las diferentes situaciones, cómo nos tratamos a nosotros mismos, etc., nos irá moldeando poco a poco, y cuando no tenemos conciencia de ello, una misma situación se repite una y otra vez, hasta que aprendemos lo necesario para atravesar ese obstáculo sin atascarnos.

Una vez descubierta nuestra esencia, habrá que trabajar la aceptación y sobre todo el respeto por nosotros mismos. Aceptarse de manera absoluta e incondicional es totalmente indispensable. Cuando nos conocemos y sabemos lo que hay en nosotros, tanto lo bueno como lo malo, debemos aceptarnos sin condiciones y respetarnos con cariño como si de un niño pequeño se tratara.

No siempre nos gusta lo que encontramos, ya que también habrá limitaciones, miedos y experiencias dolorosas, que serán sin duda las causantes de todas nuestras dolencias emocionales. Pero tener una buena autoestima no significa ausencia de miedos o de dolor. El miedo a lo nuevo, a los cambios, siempre existirá, pero no deberíamos permitir que este nos paralice o nos impida seguir adelante.

Tener una buena autoestima implica, pues, conocernos y tener conciencia de nuestro potencial. Saber quiénes somos y por qué somos así, aceptándonos, respetándonos y generando un concepto de nosotros mismos real y positivo. Solo así lograremos conectar con la confianza en nuestro ser, y esta es la que nos dará la seguridad que necesitamos para ir siempre hacia delante. La seguridad es, sin ninguna duda, uno de nuestros mayores aliados a la hora de afrontar los cambios que la vida nos tenga preparados y seguir caminando en la dirección que marquen nuestros sueños y deseos más profundos. Tener una buena autoestima es sinónimo de sentirse fuerte, capaz y valioso.

El psicoterapeuta canadiense Nathaniel Branden, en su libro

*Los seis pilares de la autoestima*,[2] desarrolla los seis pasos imprescindibles que tendríamos que dar para conseguir sentirnos seguros y con una buena autoestima. Son los siguientes.

* Vivir conscientemente: ser conscientes de cómo somos y por qué, conocernos bien.

* Aceptarse a uno mismo, con absoluta incondicionalidad, pase lo que pase.

* Responsabilizarse: tener claro que somos responsables de lo que somos y de lo que nos ocurre.

* Autoafirmarse: respetar nuestros deseos, necesidades y valores.

* Vivir con un propósito.

* Tener integridad personal en lo que respecta a nuestras creencias, valores y convicciones.

## ¿Cómo se forma la autoestima?

Son numerosas las investigaciones que demuestran que la autoestima se forma a partir de los mensajes de reconocimiento o de desaprobación que recibimos de nuestros padres. También nos puede influir algún maestro o alguien que nos cuidó, pero fundamentalmente viene determinada por la manera en que nuestros padres se han relacionado con nosotros durante la niñez.

Si cuando éramos niños recibimos el cariño y el afecto que necesitábamos, esto hacía que nos sintiéramos valiosos e importantes para nuestros padres. Ellos nos lo transmitían a través de sus muestras de afecto y también con sus palabras de reconocimiento.

---

2   Nathaniel Branden, *Los seis pilares de la autoestima*, Barcelona, Paidós, 2007.

Si por el contrario nuestros padres eran más bien fríos y distantes, y por mucho que nos esforzáramos en obtener su aprobación, solo nos remarcaban aquello que hacíamos mal o lo que podríamos haber hecho mejor, íbamos incorporando un concepto de nosotros mismos, una autoimagen, ajustado a aquella vivencia. Llegábamos a la conclusión de que no éramos lo suficientemente buenos para ellos, no nos sentíamos importantes ni capaces de conseguir que se sintieran orgullosos, ni pensábamos que pudiéramos cumplir sus expectativas.

La idea o la imagen que el niño va incorporando de sí mismo está totalmente relacionada con cómo le tratan sus padres, cómo ellos se relacionan con él durante su infancia.

La relación es clara y directa. Si a un niño le valoran, él se siente valioso; si a un niño le quieren, él se siente digno de ser querido y amado, merecedor de cariño; si a un niño le reconocen, él se siente capaz; si a un niño le respetan, él se hará respetar.

Está clara la estrecha relación que hay entre la manera de tratarnos de nuestros padres y el concepto que tendremos sobre nosotros mismos cuando seamos adultos. Por otro lado, la manera en que los padres se relacionan entre sí será lo que el niño asumirá como «normal» en las relaciones de pareja que tenga en su futuro.

Si el padre insulta a la madre y la menosprecia, probablemente el niño también lo hará.

Si la madre permite que el padre le falte al respeto y no hace nada, cuando la niña que los observa sea mayor, es muy probable que tenga una tolerancia muy alta a las faltas de respeto. Es decir, que si la tratan mal, no ponga límites enseguida, porque hay una parte en ella que lo ha normalizado. Seguro que no le gusta ni la hace sentir bien, pero lo tiene registrado como una conducta habitual y frecuente, con lo que no le sorprenderá como le pasaría a otra persona que ha tenido un clima familiar lleno de respeto, cariño y amabilidad.

# MARTA

Marta acudió a mi consulta en busca de ayuda. Llevaba años tomando ansiolíticos y su pena no cesaba. No comprendía nada. No comprendía por qué, si Jesús la había dejado hacía cinco años, ella seguía llorándole, sobre todo si tenía en cuenta que no fue feliz con él ni un solo día de los treinta y nueve años de matrimonio que compartieron.

Él fue su primera y única pareja. Le eligió para huir de una familia en la que no encontraba cariño ni comprensión. Lo aguantó todo en su matrimonio: que Jesús desapareciera los fines de semana, que no trabajara y se gastara el dinero que ganaba ella, que jamás se comunicara, que no le diera ninguna muestra de afecto, que no colaborara absolutamente en nada de su vida en común... Nada. No eran ni amigos ni amantes ni nada de nada. Ella le asistía a él, y poco más. Tuvieron dos hijos a los que ella siente que no dio el cariño que merecían.

Su mayor pena era por qué no transmitió a los niños el amor que sentía por ellos, por qué nunca supo decirles «te quiero».

Además, ¿por qué seguía llorando y conectando con la rabia hacia su marido que hacía tiempo se había ido?

Marta sentía muchísima ira, pero no era hacia su marido por haberla tratado tan mal, ya que él jamás la obligó a que siguiera a su lado, a que le aguantara. La rabia que sentía Marta era hacia sí misma, por haber soportado tantos años a su lado y no haberse largado. Ella era la que trabajaba, era autosuficiente, podría haberlo hecho. No lo hizo porque no se sentía capaz de salir adelante sola y juzgó que seguir allí era lo mejor para sus hijos, como tantas otras personas creen demasiado a menudo. Este es un grave error, puesto que como siempre decimos, para los hijos es mucho más sano ver a sus padres separados pero felices, que juntos y en una relación completamente tóxica.

Por otro lado, en el transcurso de las sesiones, Marta comprendió por qué no dio a sus hijos todo el cariño que hubiera querido.

La verdad es que cuando revisamos su historia personal, su infancia y todo lo que de niña había vivido, ni yo misma pude evitar levantarme y abrazarla fuerte... Hay personas que han sufrido tanto tanto..., y era precisamente por ese motivo, por los abusos, por los castigos, por los abandonos, por la falta de empatía, de cariño, de protección y de salud con la que aquella niña había crecido, por lo que de mayor no tenía unas pautas de conducta afectuosas. Para ella todo lo malo que le pasaba era «lo normal», puesto que era con lo que había crecido. Siempre trató bien a sus hijos, pero no sabía transmitirles todo lo que sentía por ellos a pesar de quererlos más que a su vida. Su madre nunca se había comportado afectuosamente con ella ni le había transmitido ninguna palabra de cariño o reconocimiento. Y si ahora alguien la abrazaba, no lo soportaba, se ponía a llorar desconsoladamente sin saber por qué.

Hoy Marta es una mujer nueva. Es consciente de cómo todo lo que vivió le ha influido a la hora de poner límites en su relación y en su vida, y con el trato hacia sus queridos hijos. Se ha perdonado a sí misma por todo lo que aguantó con su exmarido, comprendiendo que no se daba cuenta de por qué lo hacía y sabiendo que no pudo hacerlo mejor. Tiene claro que no volvería a tolerar nada parecido y ha hecho las paces consigo misma. También se ha reunido con sus hijos y les ha dicho todo lo que siente por ellos y que nunca había conseguido transmitirles. Aquella conversación duró horas, y la describe como «el momento más importante y maravilloso de mi vida».

Hoy Marta se quiere, sabe lo valiosa que es y siente que merece rodearse solamente de personas que también lo tengan claro. Hoy Marta es feliz.

He querido exponer el caso de Marta porque me parece muy significativo en varios aspectos. Por un lado, para ver la relación directa que hay entre las carencias afectivas o el maltrato que recibimos de niños y nuestra alta tolerancia a relaciones similares cuando somos adultos, pero sobre todo quisiera que nos fijáramos en otro aspecto: si cuando somos ese niño recibimos poco afecto, o ninguno, o directamente nos tratan mal (nos menosprecian, nos insultan o nos golpean), es muy frecuente ver que después, cuando somos adultos y ya no tenemos a ese padre o a esa madre cerca, somos nosotros los que adoptamos aquel mismo papel. Es decir, desde nuestro pensamiento nos decimos a nosotros mismos que no somos capaces, que los demás son mejores y que no vamos a conseguir nada extraordinario. Nos fijamos en todo lo negativo que tenemos y nos lo recordamos constantemente para que no se nos olvide, generando así una inseguridad y una angustia emocional permanentes. En consecuencia, dejamos de hacer cosas que nos realizan de verdad, que nos hacen sentirnos exitosos y felices en nuestra vida.

Es triste, ¿verdad? De pequeños no podemos hacer nada para escapar de aquel adulto que nos hace daño (sin querer), puesto que dependemos de él y le necesitamos, y luego, de adultos, cuando ya tenemos el control de nuestra vida y nos hemos liberado, inexplicablemente tomamos el relevo y adoptamos ese mismo rol con nosotros.

Es fácil preguntarse cómo habiendo vivido esas situaciones en la infancia es posible que después, cuando se es adulto, una mujer escoja o se quede con un hombre que la trata exactamente igual que su padre o su madre.

Esto es más que frecuente, y tiene una explicación comprensible. Lo que ocurre es que para nosotros, que nos traten de esa forma es lo normal. No nos gusta, nos duele, nos falta afecto, de eso no hay duda, pero a pesar de ello, es lo único que conocemos y, por lo tanto, creemos que no hay nada extraño en unir amor y dolor.

Por este motivo, es frecuente que nos sintamos «en sintonía» con personas que sean, funcionen o nos traten de esa misma forma. Es lo que nos es familiar y nos identificamos con ello.

Aun así, está claro que no deberíamos quedarnos con alguien que sigue con ese mismo rol.

Con todo, cuando en terapia reviso la infancia de cada paciente, siempre insisto mucho en que los padres lo han hecho lo mejor que han sabido, podido y creído con sus hijos. A ellos nadie les enseñó cómo hacerlo, y parten de lo que vivieron cuando eran niños, de cómo les trataron sus padres, de lo que vieron, lo que recibieron y lo que les faltó. Ese es su punto de partida, su propia experiencia, y por ese motivo jamás hay que culparles.

## Por lo tanto...

No diremos que todas las personas que tienen una baja autoestima vayan a generar una dependencia emocional con su pareja, pero sí podemos afirmar que todas las personas con dependencia emocional tienen una baja autoestima. Es precisamente esta falta de confianza en sí mismos la que hace que empiecen a adoptar conductas y generar cambios para que el otro (a quien sienten que necesitan) no les deje.

La mayoría de las personas que tienen la autoestima baja se infravaloran a sí mismas hasta el punto de sentir que nadie se va a fijar jamás en ellas. Tienen miedo a quedarse solas y no encontrar pareja, puesto que valen tan poco.

Esto, a su vez, hace que la primera persona que se fije en ellas sea la ideal. Da igual cómo se comporte, si comparte o no las mismas aficiones o si tienen la misma visión de la vida..., nada importa, solo saben que están profundamente enamoradas y que es la persona perfecta. Lo saben de manera irracional, claro, pero así lo afirman.

Tomar decisiones desde la inconsciencia es como apostar deliberadamente al caballo cojo, con lo cual tienen todos los números para que la relación salga mal. Y cuando las dificultades empiezan a manifestarse con claridad, les entra un pánico de lo más temible. Piensan que justo cuando han encontrado a alguien que se mostraba interesado, no pueden perderle bajo ningún concepto. Piensan que esta ha sido una oportunidad única y no pueden dejarla escapar. Y aquí empieza la desesperación más absoluta para no ser abandonados.

### No elegimos bien

En estos casos no elegimos bien. O dicho de otro modo, elegir bien de esta manera es como una lotería. Si elegimos inconscientemente al otro, lo más probable es que salga mal. Siempre hay personas que encajan con nosotros, que están en sintonía con nuestros valores, con nuestra manera de ser, de pensar, de funcionar, con nuestro nivel de madurez o de desarrollo personal. Pero aunque existan, para encontrarlas primero debemos tener muy claro lo que buscamos. Entonces lo identificaremos con mayor facilidad que si vamos a tientas. ¿No os parece?

### Nos eligen

Las personas con baja autoestima, como no se valoran lo suficiente o nada, no acostumbran a ser quienes eligen a sus parejas, sino que son elegidas por el otro.

Cuando uno no confía en sí mismo, en su valía, cuando no se siente importante ni suficiente para nadie, siente mucho miedo a no encontrar pareja. A no cruzarse con nadie que vea nada bueno en él o ella. Por supuesto, si yo no me quiero, no me valoro o no aprecio casi nada bueno en mí, pensaré que nadie va a quererme, ni a valorarme ni a encontrar nada que destaque en mi forma de ser. Sentiré que los demás siempre se darán cuenta de que son mucho mejores que yo, y, por lo tanto, me voy a quedar sola. Esta es una creencia que, aparte de un miedo terrible, nos genera muchísima ansiedad.

Estas personas con baja autoestima siempre se comparan con los demás y se fijan en quiénes son los que triunfan, con lo cual aún se van cerrando más y sintiéndose menos importantes y más desvalidas. Son las más vulnerables, las que tienen más posibilidades de generar una dependencia emocional cuando empiezan una relación de pareja.

Incluso pueden decir: «Fulanito no me gusta nada», pero os aseguro que si fulanito se empieza a mostrar atraído y ofrece señales de interés hacia esa persona, enseguida le gustará. Ni siquiera sabrá por qué, pero le empezará a gustar. El simple hecho de sentir que atrae al otro, que se ha fijado en ella, le hace sentir tan importante que no lo va a dudar ni un segundo y empezará la relación con ese fulanito.

## Entrevistar al posible candidato

En las sesiones, siempre explico a mis pacientes que conocer a un posible candidato a ser nuestra pareja debería ser como una entrevista de trabajo. Antes de nada, debes tener clarísimo lo que estás buscando, qué requisitos, qué características, qué perfil debe tener el candidato, cómo debe ser, pensar, comportarse, trabajar, relacionarse, etc. Todo lo que creas necesario para el puesto tan importante que ofreces.

Cuando tienes eso claro, tienes que entrevistarle para identificar si encaja o no con el perfil que buscas. Si posee o no las características que para ti son determinantes. Evidentemente no hace falta que vayas con la lista en la mano, pero si lo tienes presente y diáfano en tu cabeza, cuando detectes aspectos que no encajan, sonará un pitido en tu interior que te dirá «¡Error!», y entonces sabrás que debes descartarle.

Cuando no somos conscientes de lo que buscamos o no nos permitimos pedir lo que deseamos, y además tenemos una baja autoestima, podemos caer con mayor facilidad en una dependencia emocional. Y la cruda realidad es que esto es justo lo que hacemos con mayor frecuencia. No nos ayudan a que nos hagamos preguntas de ese tipo, a que reflexionemos sobre lo que buscamos o queremos encontrar en los demás. Vamos a la deriva y en función del viento. Está claro que así difícilmente llegaremos a buen puerto.

Cuando alguien se acerca y se interesa, todo nuestro mundo emocional se revoluciona, se altera y se vuelve loco. Ilusión, excitación, adrenalina, felicidad…, todo lo que soñábamos y teníamos tanto miedo de no encontrar, se manifiesta delante de nuestros ojos. Si encaja o no con la idea que teníamos no importa en absoluto, puesto que en caso necesario pensamos que ya lo haremos encajar nosotros.

Nos produce una alegría tan grande, que cuando empezamos a ver aspectos contradictorios y negativos, los ignoramos o los disfrazamos para justificar que aquello merece la pena, que es maravilloso y que tiene mucho sentido seguir apostando por ello.

Así, permitiendo lo no permisible, aceptando lo no aceptable y actuando en contra de nuestros valores, es como empezamos a deteriorarnos cada vez más, y cada día nos cuesta más aceptar que debemos salir de esa relación.

## Miedo a quedarnos solos

El miedo a quedarnos solos, al abandono, es uno de los más primitivos del ser humano. Está totalmente relacionado con la baja autoestima. Está claro que si yo no confío en mis capacidades, si siento inseguridad y que soy poco capaz, creeré con facilidad que necesito a los demás. Sin ellos no soy nada y no llegaré muy lejos. Por ello, la idea de que me dejen o me abandonen puede convertirse en algo terrible para mí. A causa de este miedo, tenemos muchas actitudes que van en contra de nuestra autoestima: no decir «no» cuando es lo que sentimos, permitir comportamientos o tratos que no deberíamos, aguantar situaciones que lastiman nuestra dignidad, etc. Lo hacemos todo para que no nos dejen. Para que sigan con nosotros. Para no quedarnos solos.

## ¿Por qué tenemos ese miedo?

El miedo al abandono se crea en la infancia. Por ello, la manera de trabajarlo es conectando con nuestro niño interior. El niño que fuimos durante una etapa de nuestra vida. Se trata de ver la relación que hay entre ese pequeño (y lo que él vivió) y los sentimientos que se activan en nosotros ahora que somos adultos (terror a estar solos, al rechazo, etc.).

Normalmente, proviene de experiencias de abandono vividas en esa etapa infantil, causadas por nuestros padres de manera totalmente inconsciente y justificada desde su perspectiva de adultos.

El caso que con mayor frecuencia hace que el niño desarrolle ese miedo viene dado por padres (ya sea uno de ellos o los dos) que por cuestiones de trabajo están muy poco o casi nunca con el niño. Es difícil que un niño entienda que su padre no está nunca porque trabaja mucho para poder darle de comer, o pagar una casa, o comprarle los libros que necesita para estudiar. Él no razona las cosas como lo haría un adulto. El niño quiere y necesita a su padre, y punto. Y si no lo tiene, llegará a sus propias conclusiones. Puede sentirse abandonado y con unas carencias afectivas que le harán crecer de una manera determinada. Su personalidad y su concepto de sí mismo empezarán a formarse a partir de estas experiencias. Que el padre o la madre no estén con él, lo puede vivir como un tipo de desaprobación y puede generar sentimientos como «No soy importante», «No soy valioso» o «No merezco lo que tengo». Y si encima cuando él o ella están con el pequeño, no le reconocen suficientemente y por el contrario, le desaprueban o resaltan siempre lo que hace mal (aunque sea con la buena intención de que mejore), o peor aún, le comparan con otros niños, irá incorporando otras creencias sobre sí mismo, como «Soy débil» o «No soy capaz», y lo irá interiorizando y aceptando como verdades absolutas e incuestionables, a pesar del daño profundísimo que le produce. Son creencias disfuncionales y tóxicas que tendremos como ciertas, y estamos convencidos de que no hay nada más allá de ellas...

El hecho de creer que no soy importante o que no soy capaz, afectará a todas las áreas de mi vida, llevándome a renunciar a mis sueños y deseos más profundos o a conformarme con opciones o personas que no son lo que yo quisiera de verdad. Nos resignamos por creer que conseguir lo que deseamos no es posible.

Nuestros padres lo han hecho sin duda lo mejor que han sabido, podido y creído en ese momento. En función de las circunstancias, del momento y de las posibilidades, ellos tienen que tomar una serie de decisiones que consideran adecuadas, aunque es posible que no lo sean. A partir de ese punto, habrá unas consecuencias en nosotros, en nuestra personalidad y en cómo viviremos cada una de nuestras experiencias.

También hay que tener en cuenta que cada niño es diferente. Hay una carga genética que va a influir en cómo vivo yo cada una de esas situaciones, en las interacciones con mis padres y en lo que recibo y lo que me falta por su parte. Es por eso por lo que a veces dos hermanos que han vivido prácticamente lo mismo y en un mismo entorno son tan diferentes.

Al revisar todos estos aspectos, vemos que es sumamente importante que la persona que tiene una autoestima baja haga un trabajo para reforzarla, para tomar conciencia y cambiar esas creencias disfuncionales que tiene sobre sí misma y así empiece a construir, en vez de permanecer creyendo que está limitada.

El miedo al abandono o a quedarnos solos está presente, tanto cuando no tenemos pareja (y por eso nos enganchamos con auténtica facilidad al primer candidato), como cuando intentamos salir de una relación tóxica que nos está destruyendo. En el primer caso nos enganchamos, y en el segundo no nos queremos desenganchar. Y así empieza nuestra lucha más dura, en la que queremos dejar de ser dependientes, al tiempo que sentimos que no queremos soltar al otro.

No nos damos cuenta de que solos, en estos casos, estaríamos muchísimo mejor que acompañados por una pareja con quien no somos felices y con quien seguramente no tenemos una relación plena y saludable.

Tenemos miedo a la soledad y a no encontrar a nadie que tenga esas cualidades que vemos en nuestras parejas. Puede que sea una sola cualidad o puede incluso que nos la estemos inventando, y que el otro ni siquiera sea así, pero nos aferramos a ella para justificar nuestro enganche irracional. Creemos que solos vamos a estar peor..., pero desde el momento en que vivimos con miedo (a perderle), no estamos bien. Si estás bien con tu pareja y tienes una buena autoestima, no experimentas ese miedo a la soledad. Cuando lo experimentas es porque te estás planteando (consciente o inconscientemente) hacer un cambio, soltarle, y no te sientes capaz de continuar si él no está contigo.

Cuando en la relación hay un vínculo sano, tenemos claro que no hay garantías, que no podemos poner la mano en el fuego por el otro. De hecho, no la podemos poner ni siquiera por nosotros mismos. Nadie sabe lo que pasará con nuestros sentimientos, con nuestras emociones. Vivimos procesos, cambios, dificultades y todo esto puede alterar nuestro mundo emocional, puede desestabilizarnos y no podemos saber lo que pasará. No sé cómo me sentiré yo, cómo se sentirá él o cómo me sentiré yo a partir de lo que él sienta o haga.

Es necesario que tengamos claro que es muy complejo y que por ello, no hay una receta ni un libro en el que esté todo escrito. Por lo tanto, cuanto mejor hayamos asumido esto, mejor nos vamos a adaptar a la realidad de nuestra relación. No sabemos lo que puede ocurrir, por lo que hay que vivir el día a día disfrutando. Si un día ya no estamos bien juntos, debemos pedir ayuda terapéutica para restablecer nuestro equilibrio o debemos separarnos si uno de los dos (o ambos) quiere seguir sin el otro.

Pero es como todo, hay que aceptar lo que viene sin ir a contracorriente. ¿Os imagináis que os despiden del trabajo y os agarráis del tobillo de vuestro jefe durante días, suplicándole que no os despida? Seguramente en este caso no lo haríais. Aceptaréis que él ha tomado la decisión, y os iréis a casa y tendréis que asumir lo que ha pasado y volver a buscar un nuevo empleo, confiando en que vais a conseguirlo.

Somos capaces de estar solos. Si el otro no quiere seguir a nuestro lado, debemos aceptarlo, reconectar con nuestro gran potencial y seguir adelante con la nueva realidad.

Además, deberíamos tener claro que no vamos a estar solos. Tenemos amigos, familiares, gente alrededor que seguramente vive o ha vivido situaciones parecidas. Debemos aprovechar esas etapas para reencontrarnos a nosotros mismos, porque seguramente con tanto miedo nos hemos perdido por el camino.

Es necesario que comprendamos por qué tenemos ese miedo irracional y completamente infantil a quedarnos solos, a que nos abandonen. Es un miedo que procede de nuestra infancia. De niños nos paralizaba, nos bloqueaba, porque en esa etapa no teníamos ni la capacidad de razonar ni los recursos que tenemos ahora, en la edad adulta. Lo sentíamos y punto. El miedo nos inundaba y hacía que nos sintiéramos débiles y vulnerables.

Cuando de adultos vivimos situaciones similares, nos conectan con los recuerdos que tenemos guardados de esas experiencias vividas en el pasado, y nuestro cuerpo activa las mismas emociones que sentía ese niño. Y a partir de esas emociones, el cuerpo actúa también de la misma manera: bloqueándose o quedándose paralizado.

Darnos cuenta de esto nos ayuda a asumir, a comprender, por qué hoy nos sentimos así. En ese momento, podemos ver que estamos reaccionando igual que el niño, aunque ya no somos ese pequeño. Ahora somos un adulto que tiene la capacidad de enfocar la situación de otra manera, de razonarla y sobre todo de observarla desde una nueva perspectiva. Por último, el adulto de hoy tiene los recursos necesarios para salir de esa relación, para evitar el bloqueo y la parálisis que de entrada sentimos.

No tenemos que quedarnos con el miedo y el dolor, hoy podemos atravesarlo y apostar por nuestro bienestar.

En conclusión, en todos los casos en los que una persona genera dependencia emocional respecto a su pareja, están presentes y de la mano estos dos factores:

* Una autoestima demasiado baja, que lleva implícita un concepto de uno mismo erróneo, negativo, descalificador y a menudo limitante. Este, a su vez, viene dado por un nivel de autoconocimiento poco ajustado a la realidad. No hay conciencia de las propias capacidades y del potencial enorme que tenemos como seres humanos, y creemos que no podemos seguir adelante o que nos va a costar muchísimo. Sentimos, así, que necesitamos al otro para poder estar bien y para seguir adelante con nuestra vida.

* Miedo a quedarnos solos, sin nuestra pareja. Debido a ese sentimiento de que sin el otro no somos capaces de continuar nuestro camino, conectamos con un pánico terrible a quedarnos sin él, a estar desamparados.

*Al hacer una valoración tan negativa y limitada de noso-*
*tros mismos, sentimos que si él se va, no encontraremos a*
*nadie más que se interese por cómo somos, nadie que nos*
*encuentre suficientemente interesantes como para desear*
*tener una relación seria. Y ese miedo, producido por una*
*falsa certeza, nos paraliza, nos bloquea y nos puede llegar a*
*denigrar hasta lo inaceptable.[3]*

Deseo acabar este capítulo con un cuento que escribí un día, tras finalizar un ciclo de sesiones con una mujer extraordinaria a la que vamos a llamar Inés. Su historia me conmovió, y el maravilloso proceso que hizo me inspiró para escribir el siguiente relato, basado en sus propias vivencias, con el objetivo de que ayude a muchas otras mujeres que, como ella, pierden el rumbo a causa de relaciones tóxicas, pero no dejan de luchar para volver a encontrarlo.

3   En los Anexos, al final del libro, encontrarás el test de dependencia emocional, el test de autoestima y el test de miedo al abandono, para que puedas evaluar cómo estás en cada uno de estos aspectos.

# CUANDO AMAR
# NO ES SUFICIENTE

Inés era una mujer activa, romántica y muy amiga de sus amigos. Soñaba con encontrar a su príncipe azul, la media naranja que la completara y la hiciera, por fin, feliz.

Un día conoció a Pedro. Él enseguida se interesó por ella, le decía cosas bonitas y desde el segundo día Inés ya solo pensaba en él.

Pasada una semana, Inés y Pedro ya iban juntos a todas partes, y sin darse cuenta, ella dejó de tener tiempo para ver a sus amigas. Ella solo las llamaba para contarles lo maravilloso que era Pedro, a quien, por cierto, aún no conocía bien, puesto que habían pasado muy poco tiempo juntos.

Al cabo de un mes decidieron vivir juntos porque «se amaban tantísimo» (a pesar de seguir sin conocerse), y así lo hicieron.

Un día él le dijo que quería llevarla a cenar con sus amigos y ella se puso muy contenta. Que quisiera presentarle a sus amigos significaba que debía de ser muy importante para él, y esto la llenaba de amor. Estaba tan ilusionada que fue a comprarse un vestido nuevo, el más bonito que vio, con el que se sentía muy guapa y segura.

Llegó la noche y se lo puso, y apareció delante de él esperando sus halagos... que no llegaron. La miró sorprendido y le dijo: «¿Dónde vas con ese vestido ridículo? ¿No ves que te marca todos los michelines? ¿Qué van a pensar de mí si me ven contigo?».

Por más que se esforzó, Inés no pudo contener las lágrimas. A pesar de todo, asistieron a la cena. Ella se sintió mal, insegura y fea toda la noche y casi no participó de la conversación.

*Al día siguiente, él le pidió perdón y se reconciliaron. Inés «olvidó» lo sucedido.*

*Una semana después, fueron al cine y ella se encontró con Juan, un viejo amigo de la infancia, con quien habían compartido muchas vivencias y con quien tenía mucha confianza. Se interesó por él, porque hacía un tiempo que no se veían. Pedro la esperaba. Cuando acabó de hablar, Pedro estaba rabioso y muy enfadado con ella. No entendía por qué ella tenía que darle tanta conversación, y creía que esto era una falta de respeto hacia él. Le dijo que no quería que se repitiera nunca más, que él quería una novia que le respetara y le hiciera sentir único y especial.*

*Ella se pasó la mitad de la película llorando.*

*Habían pasado ya unos meses de relación e Inés, poco a poco, iba cambiando, iba dejando de ser ella misma. Cuando iba a algún sitio, si encontraba a conocidos, se sentía mal si estaba demasiado rato hablando con ellos. Cuando iba a comprarse ropa ya no disfrutaba como antes e incluso necesitaba que él fuera con ella para que la asesorara, ya que si no, no estaba segura de qué le quedaba bien, o qué era ridículo para ella.*

*Su autoestima se iba haciendo pequeña, al tiempo que su inseguridad iba creciendo a pasos enormes. Se iba sintiendo cada vez más sola y desvalida.*

*Un día habló con una amiga, y esta le dijo que tenía que dejar a Pedro, porque veía muy claro que no la estaba tratando bien. Inés se enfadó muchísimo, se ofendió hasta el punto de que decidió no volver a hablarle. Era la única amiga que le quedaba.*

*Creer que nuestra pareja es nuestra media naranja implica que si la perdemos, volvemos a quedar partidos, nos faltará un trozo y esto es insoportable. Lo sentimos como si fuera una mutilación y, sin duda, esto es muy doloroso.*

Por ese motivo, la idea de dejar la relación no era una opción para Inés. Estaba tan obsesionada con Pedro, que solo vivía pensando en complacerle, en no hacer nada que a él no le gustara, en ser lo que él esperaba que fuera. De no ser así, podría dejarla un día y entonces... ¿qué haría ella sin él?

La verdad es que Inés había cambiado tanto, había dejado de ser ella misma hasta tal punto, que ya ni se reconocía. Le necesitaba a él para reconocerse. De hecho, solo se reconocía en sus ojos, no en los de ella. Sentía que si le perdía, no sería capaz de seguir sola, porque ya no sabía quién era ella sin él.

Él empezó a salir algunas noches sin que ella pudiera acompañarle, y si alguna vez ella le reclamaba algo, si por alguna razón asomaba alguna parte de lo que quedaba de Inés, él se encargaba de reducirla a la nada en un minuto.

Ella descubrió (por Internet) que él se veía con otras chicas, pero con que él le dijera que la amaba ya se quedaba más tranquila..., o eso creía, ya que por dentro empezó a encontrarse mal. Cada vez peor. Tenía ansiedad, no podía dormir bien por las noches y había perdido todas las ilusiones, las ganas de hacer cosas, ya nada le hacía feliz. Miraba hacia el futuro y ya no veía nada..., nada más que a él.

Un día, caminando por la calle, vio a una mujer que repartía unos dípticos. Se acercó a Inés y le dio uno. Ella ya iba de camino a la papelera para tirarlo, cuando por algún motivo sus ojos se fijaron en lo que ponía: «Amar no es suficiente». Inés sintió un mareo muy fuerte, náuseas y casi cae al suelo desplomada, de no ser por un señor que pasaba por su lado y la agarró del brazo. La acompañó hasta un banco que había por allí, y se sentaron. Cerró los ojos y de repente la envolvieron unas enormes ganas de llorar. Se abrazó a aquel señor y no podía parar de llorar. Lloraba por todo: por la infancia que de niña había tenido, por el cariño que le había faltado de su padre y por la falta de personalidad de su madre, por haberse sentido poco valiosa, fea e incapaz, por haberse quedado con Pedro a pesar de cómo la trataba, por haber aceptado cambiar por él, renunciando *de este modo a sí misma, a su esencia, a sus talentos, dejando atrás a aquellos que la querían por ser auténtica y genuina, por ser ella...*

*Y dijo basta. Decidió responsabilizarse de su vida y pidió ayuda psicológica. Primero realizó un duro trabajo para recuperar su autoestima, haciéndola crecer incluso más de como la tenía antes. Empezó a sentirse cada vez mejor, más segura, más agradecida, más capaz, hasta el punto de mirarse al espejo y preguntarse: «¿Qué hago aquí?».*

*Y dejó a Pedro. A pesar del asombro de él, que intentó retenerla con todos los medios de manipulación en los que era experto, ella se fue.*

*Y fue recuperando así su vida, sus ilusiones, su esperanza y, lo más importante, se recuperó a sí misma.*

*Comprendió que ella era una naranja completa y que no necesitaba ninguna mitad a quien completar ni que la completara.*

*A partir de ese momento solamente buscaría otras personas completas como ella, conscientes y con quienes pudiera ser ella sintiéndose auténtica y viva.*

*Vivió una experiencia muy dura, pero salió de ella más fuerte, sana y feliz.*

# CAPÍTULO 3

## ¿CÓMO SUPERAR LA DEPENDENCIA EMOCIONAL?

*Morir de amor, asimismo, es morir de desamor: el rechazo, el insoportable juego de la incertidumbre y de no saber si te quieren de verdad, la espera, el imposible o el «no», que llega como un jarro de agua fría. Es humillarse, rogar, suplicar, insistir y persistir más allá de toda lógica, esperar milagros, reencarnaciones, pases mágicos y cualquier cosa que restituya la intensidad de un sentimiento que languidece o que ya se nos ha ido de las manos.*

*Infinidad de personas en el mundo se han quedado atrapadas en nichos emocionales a la espera de que su suerte cambie, sin ver que son ellas mismas las que deben hacer su revolución afectiva.*

WALTER RISO, *MANUAL PARA NO MORIR DE AMOR*

**L**o más probable es que a estas alturas del libro ya tengas claro si te encuentras en una situación de dependencia emocional. Cuando uno vive una relación de este tipo, se siente completamente identificado al leerlo, es como si lo estuvieran describiendo a él. Pues bien, si este es el caso, no hay duda de que tu interés principal está en este capítulo.

Cuando uno sufre dependencia, se siente tan perdido, tan incapaz, tan desolado, tan frustrado y tan agotado, que no ve ninguna salida para su problema. Seguramente ha hecho repetidos intentos de romper con la relación, pero la mezcla de miedo, síndrome de abstinencia e inseguridad lo han impedido.

Hay que tener muy claro que por muchos intentos fallidos o por muy convencidos que estemos de que no podremos superarlo, eso no es cierto. La dependencia emocional se supera…, siempre que queramos superarla. Y lo destaco en cursiva, porque aunque pueda parecer algo evidente, a la hora de la verdad no lo es tanto. De hecho, este es uno de los motivos por los que algunas personas no lo consiguen: porque no quieren.

Evidentemente, no es sencillo y hay que atravesar muchas partes oscuras para conseguirlo: el síndrome de abstinencia, la necesidad del otro, los miedos y todos los síntomas que ya hemos revisado y que sabemos que no son tarea fácil para nadie. Pero aun así, os aseguro que todos tenemos la capacidad de lograrlo. Yo lo veo a diario en mi consulta, y os puedo asegurar que cuando conseguimos desengancharnos, sentimos un placer indescriptible. Es una liberación personal y con ella empezamos a recuperarnos a nosotros mismos, nuestra esencia vuelve a hacerse visible y conseguimos conectar de nuevo con la vida que queremos vivir.

Para superar una dependencia emocional (igual que para salir de cualquier otro tipo de adicción), será necesario que comprendamos que nuestro comportamiento es tóxico para nosotros mismos (y para nuestra salud), y decidamos poner dosis muy elevadas de fuerza de voluntad. Si estamos recibiendo la ayuda adecuada, dependerá únicamente de nosotros mismos llegar a conseguirlo. El que quiere, puede. El que no puede, es porque no quiere. Quizá dice que sí, pero si no lo hace, es porque no lo siente o no lo desea con firmeza. En estos casos habrá que ver cuál es el nivel de conciencia de cada persona para comprender la gravedad de la situación.

Se suelen dar dos tipos de casos:

**1.** Aquellos en los que el enganche es tan fuerte, que uno se deja dominar por él. Renuncia completamente a liberarse y en algún punto (inconsciente) de su interior se dice: «Prefiero seguir aguantando esta situación a enfrentarme al dolor de hacer un cambio, de salir de la relación, por muy tóxica y destructiva que sea para mí». No se dan cuenta de que si salen de allí, no van a sufrir más que ahora, estando dentro. No se puede sufrir más al desengancharse de lo que se sufre estando enganchado. Son estados diferentes, pero no hay ninguna duda de que la autodestrucción es mucho mayor cuando, por ser dependientes, perdemos nuestra libertad. Estas personas se engañan a sí mismas, intentando creerse su propia versión y justificando que aquella relación vale la pena de verdad. Hasta que llega un punto en el que ya no pueden engañar a nadie. Sus argumentos se convierten en ideas irracionales e injustificadas que carecen totalmente de sentido para ellos y para los demás.

Explican situaciones y vivencias que han tenido junto al otro, y aquellos que los escuchan quedan asombrados por la gravedad de los hechos, a pesar de que ellos lo ven de lo más normal. Han perdido la perspectiva y el sentido común, y no hacen más que defender al otro haga lo que haga.

Ya pueden tener mil y una dolencias físicas producidas por la enorme ansiedad que sufren (como problemas en la piel —soriasis, eccemas, etc.— o problemas digestivos), que ellos continuarán visitando al médico para que les dé una explicación de lo que les pasa. Si este les dice que es ansiedad, van a empezar a tomar ansiolíticos o van a cambiar de médico: todo menos aceptar y afrontar de verdad lo que les está ocurriendo.

Son casos en los que conseguir que empiecen a razonar se convierte en algo de lo más urgente. Solo así podrán ir tomando contacto con la realidad de su relación y asumirán la necesidad inminente de hacer un cambio.

2. Aquellos que deciden quedarse con el otro, pero al mismo tiempo no dejan de quejarse, de discutir con él, de exigirle que cambie, de querer controlarle, de reprocharle que sea como es, provocándole inconscientemente para que se vaya y, si decide hacerlo, suplicándole e intentando convencerle de que no era eso lo que querían en realidad. No quieren soltar de ninguna manera a su pareja, pero tampoco están dispuestos a someterse totalmente y aceptar aquello que les ofrecen. Es por eso por lo que se rebelan y se quejan, sin darse cuenta de que aquello no les lleva al bienestar ni a la felicidad que de verdad están buscando.

No consiguen aferrarse a la razón para que esta les ayude a mantenerse erguidos y mínimamente coherentes con su dura realidad.

Como veis, en ambos casos es básico que utilicemos nuestra parte racional. Ella nos ayudará a permanecer en la comprensión de lo que nos está ocurriendo y desde allí podremos empezar a caminar hacia la salida. Pero son muchas las personas que se dejan envolver por la parte irracional, obsesiva y absurda que los está manteniendo enganchados al otro. Es como si uno tuviera una adicción a la cocaína, y su vecino fuera el camello que hasta ahora le ha proporcionado las dosis. No hay duda de que este seguirá manipulándole para que siga comprando. Lo mismo hace la parte de nuestra mente donde está el enganche, esa vocecita que nos incita a que volvamos a él. Debemos dejar de escucharla, alejarnos de ella, conseguir que se calle.

En la consulta, se identifican muy rápido las personas que vienen buscando ayuda porque, aunque están destrozando su vida con la relación que mantienen, en el fondo no desean romper el vínculo. Son personas que de momento «están prisioneras».

Vienen a las sesiones, te escuchan, lo comprenden todo, pero vuelven a su casa y se cruzan con su pareja, y olvidan de inmediato todo lo aprendido.

En estos casos, su miedo y su obsesión por no perder al otro son demasiado fuertes. Para ellos, dejar la relación no es una opción. Si piden ayuda, es con el objetivo de encontrar la manera de permanecer junto al otro, pero sin sentirse cada día peor, lo cual, como hemos ido viendo, no es posible. Después, inevitablemente entran en la rueda de las discusiones, las peleas y los llantos de desesperación hasta que se han destruido tanto que el otro decide irse. Entonces entran en un episodio de desesperación e intentos histéricos para evitarlo y, si tienen suerte, no lo conseguirán.

# ARLET

Recuerdo el caso de Arlet, una chica que llamó pidiendo hora. Nos insistió hasta la saciedad para que la atendiera ese mismo día.

Solo vino una vez, pero creo que no voy a olvidarla, por ser uno de los casos más graves que he visto. Era una mujer maltratada física y psicológicamente de manera muy exagerada. Los insultos, los golpes, las humillaciones, las vejaciones, los menosprecios, etc., la habían llevado a tomar ansiolíticos y antidepresivos en cantidades cada vez mayores, y a sufrir problemas digestivos graves. Ella no entendía por qué le pasaba todo aquello.

De hecho, ella no entendía nada. Su urgencia al pedir la cita era porque su pareja la amenazaba con dejarla si ella no cambiaba: le exigía que aprendiera a cocinar «bien» para él, que no llorara por los rincones como si fuera «tonta», que dejara de ser tan «débil» como era, que no le pusiera nervioso pidiéndole un poco más de cariño y que le dejara en paz si él no quería tener relaciones sexuales con ella (añadiendo además que quizás era porque ya le satisfacían otras personas, aunque ella esto «tenía clarísimo» que no era cierto), etc.

Solo quería ser mejor para poder estar bien con él, o dicho de otra forma, lo que me pedía era un «manual práctico y rápido para acabar de renunciar de manera definitiva e irreversible a lo poquísimo que quedaba ya de ella».

Cuando yo intentaba hablarle, si ella identificaba que el contenido de mis palabras no encajaba con ese manual que andaba buscando, ni me escuchaba. Me cortaba y me seguía explicando todo lo que ella hacía mal, lo poca cosa y lo débil que era, lo inútil que se sentía y que, por todos estos motivos, era muy normal que él se estuviera hartando de ella. Necesitaba ayuda para que alguien le enseñara a ser mejor y así sentir que le merecía un poco.

Me dejó el alma partida. Sus amigas le habían dicho que no le serviría de nada pedir ayuda porque no escuchaba a nadie. Y era realmente así. Hasta que ella no lo decida, hasta que no toque fondo y esté preparada para enfrentarse a lo que está viviendo, no va a hacer ningún cambio, porque no acepta lo que hay. Quizá tenga «suerte» y él se vaya, pero lo hará por «no aguantarla más», y eso la dejará aún más destrozada. Aunque entonces por fin tendrá la oportunidad de recuperarse a sí misma.

Con todo, cuando los maltratador es de ese tipo tienen una presa tan hecha a su medida, no la sueltan así como así. Saben cómo retener a la otra persona para hacerle creer que la quieren y que se sienta importante para ellos y decida quedarse sin dudarlo.

También es frecuente que cuando una persona vive este trance, y por fin empieza a recuperarse, «aparezca» alguien que se interesa por ella, y, creyendo que ya está totalmente a salvo, se tire de lleno a la piscina vacía. Y... ¿adivináis qué pasa después?

Efectivamente, vuelve a generar una relación de dependencia, y así sucesivamente hasta que decida aprender la lección que la vida insiste en enseñarle.

En definitiva, es un caos. Y todo esto afecta a las demás áreas de la vida de la persona, porque ¿quién se va a concentrar en su trabajo o quién se va a acordar de sus amigos o familiares con problemas con ese campo de batalla en su mente?... No es nada fácil.

Hay que remarcar que, aunque son pocos, en algunos casos las personas que sufren dependencia emocional necesitan ayuda psiquiátrica. Sus pensamientos obsesivos sobre el otro tienen un peso tan grande en su mente que, por mucho que lo razonen y lo vean, no pueden controlarlo. Son conscientes de su situación y quieren salir, pero por mucho que se empeñen no consiguen controlar sus pensamientos. Estos casos, con la medicación adecuada durante un tiempo, mejoran mucho, y a partir de ese punto ya se puede trabajar para que vayan saliendo, teniendo claro qué es lo mejor para ellos.

En cualquier caso, lo primero que hay que hacer es preguntarse a uno mismo: «¿Quiero superarlo?».

Y al decir superarlo, hablamos de todo un proceso de desenganche en el que, por supuesto, vamos a sufrir. Superarlo significa dejar la relación porque es tóxica y nos está destruyendo. No hay elección. A menudo, como ya hemos comentado, uno prefiere sufrir con lo que ya conoce antes que armarse de valor y salir a enfrentarse con lo que haga falta para conseguir su liberación definitiva. En mi opinión, esto es un error, porque todo lo que implique renunciar a uno mismo lo es.

Por otro lado, hay personas que sí que desean salir de la dependencia. Entienden lo que significa y de qué manera les está perjudicando en su vida, y están dispuestas a hacer lo que haga falta para volver a ser quienes eran, algo de lo que seguramente ya ni se acuerdan.

Quieren hacerlo desde un nivel profundo. Lo desean de verdad. Están convencidos de que aquel vínculo es totalmente tóxico y que deben alejarse de él por mucho que les cueste.

Aclarado esto, volvamos al enunciado que me parece vital asimilar: todos los que así lo deseen, pueden superar la dependencia emocional.

¿Cómo?

Después de experimentar el éxito y las dificultades de todos los pacientes a los que he ayudado, he elaborado una lista de las herramientas más eficaces y los pasos necesarios para conseguirlo.

# HERRAMIENTAS Y PASOS PARA SUPERAR LA DEPENDENCIA EMOCIONAL

## Tomar conciencia

Para cualquier proceso terapéutico en el que sea necesario un cambio, el primer paso que se debe dar es tomar conciencia de la situación. Es el más difícil, porque el dependiente se aferra tanto a esa relación que la simple idea de tener que alejarse le produce un pánico desmesurado, una ansiedad aplastante.

De hecho, las personas no quieren salir de la dependencia porque no aceptan la situación. No la quieren ver y, al negarse a ello, no están dispuestos a hacer nada para superarla.

Tomar conciencia implica aceptar que aquello no funciona, y que se va a acabar. Pero cuando hay una adicción, no es nada fácil pensar en vivir sin aquello que sentimos que tanto necesitamos.

Debemos tener claro que cuando en una relación ha habido dependencia, no va a funcionar nunca. Cuando hay dependencia emocional hay que acabar de manera definitiva, y no siempre estamos dispuestos ni tenemos el valor necesario para enfrentarnos a esa verdad. Pero es así, y cuanto antes lo aceptemos mucho mejor para nosotros.

Tomar conciencia y aceptar lo que hay es un acto de madurez y valentía. Todos tenemos la capacidad de hacerlo. Por otro lado, negarse a hacerlo implica quedarnos en el rol de víctima, en la queja, convertirnos en el tipo de persona negativa que intoxica a quienes están a su alrededor. Expresando todo aquello que nos disgusta, nuestros problemas, de manera repetitiva una y otra vez, sin hacer el menor movimiento para que aquello cambie.

Normalmente, la víctima no es consciente de su condición. Es posible que alguien le haga de espejo (mostrándole desde fuera lo que está haciendo con su manera de funcionar) y entonces puede que lo acepte y con ello empiece el cambio, o que no lo acepte y que encima se enfade con aquel que ha intentado mostrárselo. Cada cual elige su camino.

## ¿Quieres ser una víctima o el protagonista de tu vida?

A las víctimas, las cosas les suceden. Sienten que ellos no pueden hacer nada para evitarlo ni para cambiarlo. Sienten, como señalábamos en páginas anteriores, que aquello «es lo que hay». Está claro que hay situaciones que no está en nuestras manos cambiar, pero lo grave es quedarnos anclados en una posición de debilidad y con una actitud de resignación, pudiendo hacer algo para cambiar aquello y sin hacerlo. Este sería el caso de las víctimas: están en una relación de pareja que ven que no funciona y en la que no son felices ni encaja para nada con ellas, y a pesar de todo siguen allí, como si no pudieran hacer nada más. Eso es resignarse, y como ya hemos comentado, la resignación es muy tóxica, porque victimiza y conlleva altos niveles de frustración, rabia y desdicha por estar permitiendo aquello, y por miedo a no poder afrontarlo, no hacer nada para cambiarlo.

Los protagonistas, en cambio, no se conforman. Puede que haya cosas que «les pasen» y que no dependan de ellos, pero tienen claro que una vez que han acaecido, ellos tienen el control de lo que suceda a partir de entonces. Se implican y quieren hacer lo que haga falta para estar lo mejor posible y conseguir lo que desean. Tienen claro que las cosas no siempre son fáciles, pero que si son para mejorar su situación, vale la pena intentarlo. Por eso, una vez que son conscientes de lo que hay y lo han aceptado, deciden pasar a la acción. Si consideran que está en sus manos hacer un cambio, se ponen en marcha para conseguirlo. Tendrán miedo, igual que todos, pero empiezan por mentalizarse, tomando conciencia de la magnitud de lo que les está sucediendo.

Creo que cuando uno logra comprender desde la razón lo que le pasa y la gravedad de estar sufriendo una dependencia emocional, se pone en marcha. Nadie quiere estar mal. El que no quiere salir, es porque no comprende o no quiere comprender lo que le está sucediendo.

## Las preguntas poderosas

En *coaching* se utilizan mucho las preguntas poderosas, una herramienta indispensable para hallar la respuesta a nuestros mayores desafíos. Nos dan energía y claridad para alcanzar nuestros objetivos. Se trata de cuestiones que te hacen pensar, escucharte, descifrar lo que te está diciendo tu intuición, tu voz interior; en definitiva, te ayudan a tomar conciencia de lo que está ocurriendo.

Te propongo que respondas a las siguientes cuestiones. Intenta hacerlo en un momento de tranquilidad en el que puedas concentrarte y conectar con tu corazón.

Léelas atentamente y tómate tu tiempo para responder.

* ¿Cómo es mi relación conmigo mismo?

* Las relaciones que tengo en este momento de mi vida, ¿qué energía me generan?

* ¿Qué relación siento que no funciona en mi vida?

* ¿Con quién renuncio a mi poder personal?

* ¿Qué tipo de personas encajarían en mi vida?

* ¿Para qué sigo en esta relación? (Debo tener en cuenta que el para qué exige una respuesta relacionada con la finalidad por la que sigo allí, no con el motivo.)

Una vez anotadas todas las respuestas, te propongo que contestes a unas cuantas preguntas más, pero en este caso enfocadas en las relaciones que has tenido, tanto en el presente como en el pasado. Te servirá para tomar conciencia de si sigues un mismo patrón en la mayoría de relaciones que emprendes. Un patrón que es probable que te conduzca directamente a la dependencia emocional:

* ¿Quién empezó la relación? ¿Quién fue el primero que se mostró interesado en quién?

* ¿Quién tomaba la mayoría de las decisiones (lo que haríais, cuándo...)?

* ¿Con qué emociones te conecta tu relación: cariño, ansiedad, tristeza, desconfianza, resignación, rutina...?

* ¿Sexualmente, tenéis buena conexión? ¿Estáis los dos igual de satisfechos en este aspecto? ¿Cómo te sientes?

* Una vez analizado todo esto, ¿te compensa esta relación?

Anota cada una de las respuestas en una hoja de papel y reflexiona sobre ello. No tardes mucho en responder ni le des demasiadas vueltas. Intenta escribir lo que sientes, lo que salga directamente de tu interior. Seguro que te sorprenderás de tus palabras.

## Aumentar la autoestima

Fortalecer nuestra autoestima es totalmente imprescindible, ya sea para superar una dependencia emocional o para mejorar en cualquier área de nuestra vida. Hemos dicho que la autoestima es la confianza en las propias capacidades, lo cual nos llevará a sentirnos seguros allá donde estemos. Si sentimos que nuestro potencial es suficiente, el miedo a fracasar o a no estar a la altura se hará pequeño e insignificante, jamás nos paralizará. Si por el contrario, creemos que no somos capaces de afrontar ciertas situaciones solos, y además le atribuimos un potencial extra a otra persona (en este caso, a nuestra pareja), solo nos sentiremos seguros cuando le tengamos cerca.

En consecuencia, la simple idea de perderle nos paralizará hasta el punto de decidir aceptar cualquier cosa (y digo cualquier cosa) para evitar que esto pase. Da igual que seamos totalmente infelices, que nos maltraten, que no nos reconozcamos o que nos hayamos aislado del resto del mundo...; nuestra única preocupación (o mejor dicho, obsesión) es que el otro (nuestra falsa fuente de seguridad) no nos deje.

Con esto, lo que ponemos de manifiesto es que hemos perdido el contacto con nuestro potencial innato porque, como seres humanos, todos tenemos unas capacidades enormes: todos.

A no ser que tengamos alguna enfermedad o alteración mental, todos venimos a este mundo con un cerebro, que es un órgano potentísimo del que solamente utilizamos un pequeñísimo porcentaje, y un cuerpo, que es el vehículo con el cual nos movemos por el mundo. El cerebro es el encargado de dar las órdenes para que el cuerpo se ponga en marcha hacia sus objetivos. Siempre que estos sean coherentes y racionales, tenemos la capacidad de conseguirlos (lo creamos o no). Cada persona tiene, aparte de estas capacidades, unos dones o talentos innatos que lleva consigo y que le diferencian de los demás. Esto es lo que nos hace ser especiales y únicos individualmente, y significará que a lo mejor lo que a uno le cuesta muy poco conseguir, a otro le cueste bastante más, pero lo importante es que ambos tengamos claro que podremos llegar a alcanzarlo.

Los superhombres solamente existen en los cómics. Todos tenemos el potencial para superar cualquier situación que la vida nos ponga delante. De hecho, hay muchos estudios sobre la resiliencia: la capacidad de afrontar situaciones adversas, por muy duras y extremas que puedan parecer, y además salir fortalecidos de ellas. Un claro ejemplo son los casos de supervivientes en campos de concentración nazis que perdieron allí a sus seres queridos. Como seres humanos, la capacidad de superar cualquier situación por dura que esta sea está en nosotros. Por lo tanto, no hay duda de que también podemos superar la separación de una persona con la que hemos compartido un tiempo de nuestra vida y con la que, en realidad, no somos felices.

Si ya hemos tomado conciencia de lo que es la dependencia emocional y comprendemos la gravedad de tener una adicción, nos será más fácil aceptar que la inseguridad que sentimos cuando pensamos en perder al otro es totalmente habitual debido a la falta de autoestima. No nos sentimos a gusto con nosotros mismos, nos sentimos menos, nos comparamos con los demás y siempre vemos que ellos son mejores en todo. Como ya hemos comentado anteriormente, al hacernos tan pequeños, también damos por supuesto que nadie nos va a elegir, que nadie se va a enamorar de nosotros, y al encontrar a alguien que lo hace, quedamos atrapados. Y no solo eso, por miedo a que no se vaya, hacemos todo lo que el otro quiera con el único objetivo de complacerle. Viviendo así, es comprensible que no podamos sentirnos bien de ninguna manera.

Si tenemos conciencia de todo esto, si nos hemos dado cuenta de que este es el origen de nuestros principales problemas y dificultades, deberemos hacer un proceso para restablecer la confianza en nosotros mismos. En el apartado «Causas de la dependencia emocional» ya se han explicado las principales maneras de recuperar la autoestima. No hay duda de que la mejor opción es hacerlo con un proceso terapéutico adecuado.

No se necesitan muchas sesiones y el resultado puede ser muy transformador y duradero. Lo importante es dejarse guiar por un profesional especializado en este tema. Dada la importancia de la autoestima en la mayoría de áreas de nuestra vida, este proceso puede ser de las mejores inversiones que hayáis hecho.

También hemos comentado otras herramientas complementarias para fortalecer la autoestima: leer libros de autoayuda o participar en grupos de crecimiento personal, y aun añadiría realizar actividades sociales, como practicar algún deporte o bailar. Estas nos ayudan a demostrarnos cómo vamos mejorando, a hacer evidentes nuestros cambios positivos, y nos retroalimentemos con dicho crecimiento.

Respecto a la confianza que tenemos en nosotros mismos, generalmente nos encontramos en uno de los dos grupos siguientes:

1. **Pensamos y nos decimos de manera consciente que no somos capaces de esto o de aquello.** Nos colocamos el disfraz de víctima total y encima nos lo creemos de verdad. Vamos por la vida mostrando nuestra pena, nuestra negatividad y nuestra incapacidad a todo aquel que nos rodea. ¿Creéis que una persona así es atractiva? Rotundamente, no. Desprende energía negativa y genera rechazo.

2. **Analizamos nuestra vida, revisamos todo lo que hemos hecho y conseguido y nos damos cuenta de que sí somos capaces.** De no serlo, no habríamos llegado hasta aquí, es evidente, y lo admitimos. Pero aun así, aunque lo veamos, no lo sentimos de esa forma. En nuestro interior, nos juzgamos incapaces, no confiamos en nosotros o nos sentimos débiles para afrontar los retos que nos vienen. Las personas que funcionan así no acostumbran a ir de víctimas, sino que se muestran fuertes y preparadas, de acuerdo con sus logros, que no acostumbran a

ser pocos. Todo el mundo los considera muy capaces y con mucho potencial, pero ellos no se valoran a sí mismos. Este grupo también destaca porque acostumbra a ser consciente de su capacidad y a sentirse más seguro en el ámbito laboral, y en cambio se muestra inseguro en las relaciones en general (ya sean de pareja o no).

Será necesario hacer un proceso para cambiar todo nuestro sistema de creencias. Primero, analizar cuáles son esas creencias sobre nosotros mismos, cuáles son los mensajes que nuestro cerebro nos está dando constantemente sobre nuestro potencial y capacidades. ¿Me digo: «Soy capaz, yo puedo, soy fuerte»?; ¿o me estoy diciendo: «No puedo, no soy capaz, soy débil»?

En función de lo que mi cerebro le esté transmitiendo a mi cuerpo, este se sentirá y se comportará de una manera u otra. Lo importante, al final, es que seamos conscientes de todo ello para que después, si lo deseamos, empecemos el cambio.

Hacer un proceso para recuperar nuestra autoestima es totalmente imprescindible para conectar con nosotros mismos y evitar así repetir la misma historia una y otra vez.

## Pensar en lo sufrido

Cuando ya somos conscientes de lo que nos pasa y aceptamos nuestra dependencia, tenemos que ir permitiendo que entre en nuestra mente la idea de hacer un cambio y soltar al otro. Para conseguirlo, será necesario reforzar la autoestima y conectar con nuestra fortaleza y potencial para conseguirlo.

En este punto, entra en juego otra herramienta muy recomendable: pensar mucho en la dependencia, analizar, revisar, darnos cuenta de todo lo que hemos llegado a hacer, cuánto nos hemos arrastrado y degradado, y cuánto hemos cambiado a causa de esa necesidad, del miedo a perder al otro.

Hacemos auténticas locuras a las que no damos crédito una vez que han pasado y miramos atrás.

Recuerdo a una paciente que me explicaba que su pareja la dejó y se fue porque la situación era insoportable. Ella buscó la casa que él había alquilado, y como estaba todo cerrado pasó toda la noche sentada delante de la puerta principal para ver si por la mañana salía solo o había alguien con él. Y me decía: «¿Te imaginas que alguien me llega a ver?». Por suerte, al tomar conciencia, uno se da cuenta de hasta dónde ha sido capaz de llegar.

Otra persona, al descubrir una infidelidad más de su pareja (ya había habido muchas antes) se tomó una caja entera de ansiolíticos y la tuvieron que llevar al hospital, donde le salvaron la vida de milagro después de practicarle un lavado de estómago.

Debemos hacer una reflexión profunda sobre la trayectoria íntegra de nuestra relación, ser honestos y admitir que en realidad nunca hemos estado bien en ella. Podemos haber tenido buenos momentos, pero, en general, una relación que nos produce ansiedad y amargura no es una buena relación.

Las sesiones de terapia nos ayudan a hacer esta revisión y análisis en su justa medida. Se trata de tomar conciencia del alcance de la historia, de la magnitud de lo sucedido, pero sin pasar al otro extremo, sin quedar atrapados en la culpa, las lamentaciones y el autocastigo. Hay que pensar en ello durante el tiempo necesario, ni más ni menos. De no ser así, en vez de ser beneficioso puede convertirse en perjudicial para nosotros. Se trata de darnos cuenta de la gravedad de la situación a la que hemos llegado, porque a menudo nos hemos acostumbrado a ella y la consideramos normal. Creemos que aquello es lo que siempre pasa y nos resignamos, creyendo que no podemos hacer nada para cambiarlo o mejorarlo porque «es lo que hay».

Cuando analizamos un problema, tenemos que «salir fuera» de él, es decir, tomar cierta distancia. Considera tu relación como si de otra pareja se tratara, como unos amigos que te piden consejo. Al observarlo desde otra perspectiva, la valorarás de modo diferente. Si fuera nuestra mejor amiga la que ha estado sufriendo mucho en su relación, seguro que nosotros lo veríamos clarísimo, sabríamos perfectamente todos los límites que ha permitido que sean quebrantados. Pero al tratarse de nosotros, debido a que estamos implicados emocionalmente con esa persona, no lo vemos tan claro. Es esa claridad —la de la distancia— la que nos va a ayudar a despertar, nos vamos a sorprender enormemente y eso nos permitirá conectar con nuestra dignidad. Es allí donde hay que llegar, donde está la fuerza que necesitamos.

Revisar todo lo sufrido nos sirve para que decidamos pasar a la acción, hacer algo diferente, pedir ayuda... Debemos asumir que no podemos seguir de la misma manera. No podemos esperar que algo cambie si nosotros seguimos actuando del mismo modo, y debemos ir hacia el cambio.

De no ser así, acabaremos enfermando.

Una vez llegados a este punto —cuando ya tenemos clarísimo todo lo que ha pasado, comprendemos lo que es la dependencia y hasta dónde nos ha llevado—, hay que dar el siguiente paso, que está justo en el lado opuesto: hay que aprender a controlar la mente.

## Controlar la mente

Puede parecer contradictorio, pero si bien hay un período inicial en el que es bueno repasar todo lo sufrido, recordarlo y revivirlo mentalmente, llega un punto en el que tenemos que parar. Ya está todo claro y debemos pasar a la siguiente fase: dejar de pensarlo.

Es muy duro y frustrante terminar una relación o tener el deseo de acabarla, y que vaya pasando el tiempo y nuestra mente no deje de focalizarse en el otro. Cuanto más queremos alejarnos de él, más le pensamos. Y le soñamos. Y le recordamos... ¡Qué insoportable!

El hecho de soñar con él es completamente normal, y no podemos evitarlo de manera consciente. Es la historia que estamos atravesando, que nos hace sufrir, y en los sueños todo aquello que nos preocupa y que llevamos dentro aprovecha para salir y liberarse. Pero el hecho de que soñemos con ello repetidamente también es una señal de que estamos pensando demasiado en él cuando estamos despiertos. Cuanta menos atención vayamos poniendo en este tema, menos necesidad tendremos de liberarnos en sueños.

Lo que ocurre es que de algún modo nos reconforta pensar en él. Retorcernos en la nostalgia de aquello que compartimos, pensar que tal día como hoy estábamos en tal sitio, en aquel viaje o en aquella aventura, y conectar con la pena y la desdicha de haber perdido aquello. Al hacer esto, estamos entrando en el rol de víctima de nuevo, y no debemos hacerlo.

Cuando uno está en el proceso de salida de una relación tóxica, se ve claramente cuándo va soltando al otro de sus pensamientos, aprendiendo a controlar la mente para elegir lo que desea pensar y lo que no le conviene, y cuándo, por algún motivo, le inundan de nuevo todos los recuerdos de su expareja y se vuelve a quedar sin defensas.

De hecho, es normal que haya subidas y bajadas. No olvidemos que se trata de una dependencia y, por ello, lo que se espera es que no sea fácil. No debemos desesperarnos ni deprimirnos si no conseguimos sentirnos liberados en cuatro días, porque todo tiene su proceso.

Es como si nuestra mente tuviera vida propia y hubiera tomado el control, pero, aunque lo parezca, no es así. Nosotros podemos aprender a controlarla, y así debería ser. La mente no tiene que ir por libre. Si dejamos a nuestro cerebro ir por su cuenta, es muy probable que llene nuestra cabeza de pensamientos boicoteadores y dañinos, como «No podré vivir sin él», «No podré volver a amar a nadie más», «No soy capaz de seguir si él no está conmigo», «No voy a lograrlo», «No encontraré a nadie igual», «Yo sé que me quiere», etc.

Y se comportará así porque lo hemos programado de esa forma, porque llevamos mucho tiempo con ese tipo de pensamientos y el cerebro lo ha incorporado a su disco duro. Pero son pensamientos que nos limitan, nos aíslan y nos impiden seguir adelante con nuestra vida, de manera libre y con ilusión. Hay que conseguir que estos pensamientos desaparezcan por completo.

Pero aunque no podamos evitar que estas ideas ronden nuestra mente de manera automática, sí que podremos evitar que se queden. Nosotros podemos decidir conscientemente si las reforzamos (quedándonos prisioneros en ellas) o si las apartamos e ignoramos hasta que pierdan fuerza y acaben por desaparecer. La verdad es que estar dando vueltas y más vueltas a algo tóxico o negativo nos marchita y nos quita la energía que deberíamos emplear en otras cosas.

Para conseguirlo, está claro que volveremos al primer punto: como siempre, es necesario tomar conciencia. Hay que prestar mucha atención para darse cuenta de que aparece ese primer pensamiento sobre ese tema concreto en el que ni queremos ni debemos centrarnos. Al hacerlo, podemos tomar medidas para erradicarlo de nuestras mentes por completo. Aunque parezca difícil o imposible, no es así. Todos podemos conseguirlo con la técnica adecuada.

## Técnica para detener un pensamiento

Cuando te sientas mal, observa, toma conciencia de lo que estás pensando en ese momento. Sabemos que los pensamientos son los que generan las emociones. Si tienes emociones negativas, es porque estás pensando en algo que está en sintonía con ellas, algo que te preocupa, que te lleva a sentirte mal.

Si observas que el pensamiento generador de tu malestar es sobre el otro (de quien estás intentando desengancharte), y te das cuenta de que no deberías estar pensando en él, grita: «¡Basta!, ¡hasta aquí!».

A continuación, centra tu atención en otra cosa. Concéntrate en algo completamente diferente: un cálculo matemático, la lista de la compra, qué te vas a poner el sábado por la noche, llama a tu amiga para preguntarle por su pareja o su niño, o piensa en los pasos de baile que te enseñaron en la última clase de salsa... Lo que sea que distraiga a tu cerebro.

La verdad es que engañar a la mente es muy fácil si utilizamos estos pasos, y las ventajas de hacerlo son de grandísimo valor. No tenemos la capacidad de pensar en dos cosas al mismo tiempo y, por lo tanto, al poner atención en otro tema deliberadamente, aunque no queramos, nos vamos a distraer. El resultado: dejar de pensar en él.

Cada vez que lo conseguimos, esto nos da mucha fuerza y ganas de ir a por más. Nos da energía, y poco a poco vamos recuperando la ilusión.

Podemos utilizar la técnica de parar la mente siempre que nos demos cuenta de que estamos dando demasiadas vueltas a algún tema del que no toca preocuparse —algo que anticipamos, pero aún no existe—, o a una persona de la que queremos desvincularnos.

Seguir pensando en el otro es perjudicial para nosotros, no nos aporta nada bueno y la única solución es, simplemente, dejar de hacerlo.

## Elaborar un listado negativo

Otra herramienta es hacer una lista de todo aquello que no nos gusta del otro, eso por lo cual nos irritamos, decidimos romper una y otra vez, eso que tanto nos disgusta o tan mal nos hace sentir. Seguro que tienes todas esas características del otro muy frescas en tu mente. Escríbelas, repásalas y repítete que no va a cambiar, que esta persona es así, y admite que no la aceptas tal y como es. Por mucho que hayas luchado por la relación y que incluso te hayas propuesto que no te afecte, no puedes. No te gusta. No es lo que quieres. Es así.

El listado negativo es una herramienta muy útil, sobre todo cuando tengas momentos bajos en los que te derrumbes, vuelvas a idealizarle y aparezca el temido síndrome de abstinencia, del que hablaremos a continuación.

Te vuelve a poner en contacto con la realidad, te coloca los pies en el suelo y te recuerda por qué estás tan mal y cómo has llegado hasta ese punto.

Puedes hacer un listado inicial, y a medida que vayas avanzando lo puedes ir completando con otras cosas que te vendrán a la mente. Motivos y recuerdos negativos seguro que tienes para dar y regalar. Aun así, esta es una perspectiva que es fácil perder durante el proceso de salida, y a su vez es imprescindible recuperarla cuanto antes. Son los motivos por los que no has sido feliz en tu relación, y debes tenerlos muy claros para poder mirar siempre hacia delante.

Vamos a hacerlo...

Siéntate en un lugar tranquilo, silencioso y cómodo. Cierra los ojos y haz un par de respiraciones profundas. Deja que las imágenes de lo que fue la relación vengan a tu mente. Busca todo aquello por lo que tanto sufriste y tanto lloraste.

¿Van llegando los recuerdos? Pues empieza tu lista, anótalos uno a uno (por ejemplo: «No me hacía sentir querida, cuando se enfadaba dejaba de hablarme durante días, hacía planes sin contar conmigo, me menospreciaba, no me daba cariño, no se comunicaba conmigo, no podíamos hablar los problemas porque se encerraba o se apartaba...»).

Piensa en cómo sería si no tuviera todas esas características negativas... ¿Crees que seguiría siendo la misma persona? ¿Crees que si hubiera sido como tú deseabas, hubierais tenido la misma relación?

## Escribir un diario

Una variante del listado negativo es escribir un diario donde vayamos anotando nuestro día a día en la relación. Se trata de una herramienta muy valiosa para aquellas personas que aún no han soltado a su pareja. No hay duda de que si estamos en una relación de dependencia emocional, pasamos más días malos que buenos, con lo cual la herramienta nos ayudará a tomar conciencia.

El hecho de escribir es en sí mismo muy terapéutico porque nos permite sacar todo el caos interior cuando vivimos un proceso de este tipo. Las dudas, los miedos y la lucha interna nos desgastan muchísimo. Escribir lo que sentimos nos ayuda a quitarnos un poco el peso de encima.

En mi opinión, es mejor escribir justo cuando nos sentimos mal, cuando ha pasado algo negativo por lo que acabamos llorando o con ansiedad. Es entonces cuando más nos beneficia. Si adoptamos la costumbre de hacerlo, se convertirá en algo habitual para nosotros, y al conectar con las emociones negativas en nuestro interior, sentiremos la necesidad de sacarlas todas y expresarlas en el papel. Es un ejercicio de lo más saludable.

Pasado un tiempo, si la persona relee algunas de las páginas que ha escrito, se va a sorprender al ver todo el malestar que soporta, y sobre todo será consciente de que en su relación siempre se repite lo mismo: los mismos patrones, las mismas quejas y, las mismas discusiones por los mismos temas. Nada se resuelve, todo sigue igual… Incluso la esperanza de que todo cambie.

Si ya habéis salido de la relación y estáis en la fase de alejamiento, lo mejor es utilizar el listado negativo para afianzar la seguridad de que habéis hecho lo correcto, si es que en algún momento lo dudáis.

Si aún no habéis dado este paso y os continuáis preguntando si deberíais abandonar a vuestra pareja o no, porque hay días en los que veis claro que aquello no funciona y que no sois felices, y en cambio otros días creéis que tenéis la relación ideal, escribir un diario os va a ser muy útil para aclarar vuestras dudas en muy poquito tiempo.

Pensad que no es casualidad ni coincidencia si se repiten las mismas situaciones, las mismas palabras y la misma sensación de frustración, impotencia y de inmensa tristeza.

## Pasar a la acción

La siguiente fase es pasar a la acción. Generar un cambio. Soltar. Dejar la relación.

De nada sirve que nos demos cuenta de que aquello no funciona, que tenemos problemas que no pueden resolverse, que tenemos que salir de allí, si nos quedamos bloqueados sin hacer nada. La sensación de estar estancados es, de hecho, muy frecuente cuando hay dependencia emocional. Vemos que debemos irnos, pero nos sentimos incapaces de hacerlo, es un sí pero no, ni contigo ni sin ti… Una indecisión que se convierte en un tormento de lo más doloroso. No podemos alargarlo eternamente y llega un punto en el que tenemos que tocar fondo, sobreponernos y recoger la fuerza que nos quede para dar un paso al frente. Es el momento de actuar. No importa que no estemos seguros de dar aquel paso o que no tengamos claro qué va a suceder a partir de entonces. Da igual que sintamos miedo a lo desconocido, al cambio, a lo nuevo. Lo importante es que estemos seguros de que no podemos continuar de aquella manera. El cambio es imprescindible y eso es lo único que deberíamos tener claro.

Ser protagonistas (y no víctimas) significa que tenemos claro que la responsabilidad de que nuestra vida vuelva a tener sentido, de que nuestro sufrimiento cese, es única y exclusivamente nuestra. Nosotros somos los responsables de todo aquello que sucede en nuestra vida. Por lo tanto, pasar a la acción es imprescindible si buscamos un cambio. Y que conste que siempre habrá una parte de nuestra mente que nos dirá que no lo hagamos, que no queremos perderle, que qué vamos a hacer sin él. Y por ello dudaremos y entraremos en conflicto con nuestras propias emociones, pero una vez más hemos de recordar que si albergamos dudas, es porque no estamos bien en esa relación y necesitamos un cambio. Si fuéramos felices, no sufriríamos momentos de ansiedad y desesperación, en los que lo único que nos apetece es salir corriendo. Todo esto ocurre porque no estamos en el camino que realmente queremos recorrer.

Cuando toquemos fondo, nos decidamos y finalmente consigamos pasar a la acción, aún no habremos llegado a la salida definitiva. Es justo entonces cuando nos toca atravesar el siguiente estadio, un camino duro y tortuoso que siempre va de la mano del temido síndrome de abstinencia.

## Superar el síndrome de abstinencia

El síndrome de abstinencia aparece y desaparece durante el proceso de salida de la dependencia. Al principio acostumbra a ser más fuerte y frecuente, y a medida que va pasando el tiempo (y si actuamos debidamente, es decir, con contacto cero), se irá debilitando. Como en cualquier adicción, nuestro cuerpo no acepta alejarse de aquello que «necesita», y empieza a pedirnos nuestra «dosis» habitual. Si no se la damos, se activan los síntomas necesarios para que no lo soportemos y acabemos por darle lo que quiere. De esa forma, si cedemos, no acabamos nunca.

Todos tenemos la capacidad de superar el síndrome de abstinencia.

Las principales características del síndrome de abstinencia en la dependencia emocional son:

* Sufrir ansiedad.

* Sentir que se nos «desgarra» el corazón.

* Pensar de manera obsesiva en el otro.

* Odiarnos por haberle dejado.

* Rechazar a todo aquel que nos ayudó o recomendó que nos alejáramos de esa relación dañina.

* No comprender por qué lo hemos hecho y sentir un fuerte arrepentimiento.

* Recordar todo lo bueno (si es que lo había, y si no, lo vamos a inventar y magnificar), idealizar la relación y olvidar el resto.

* Sentir unas enormes ganas de llorar desconsoladamente.

* Padecer insomnio (puede que nos cueste mucho conciliar el sueño o que a medianoche, sin más, nos despertemos).

* Tener una necesidad casi incontrolable de contactar con nuestra expareja.

* Conectar exclusivamente con sentimientos negativos, de pena y tristeza, que nos hacen plantearnos si ha valido la pena la ruptura, si quizás estamos peor ahora que cuando estábamos junto al otro.

Sufrimos de verdad. Cuando nos toca atravesar uno de estos episodios, es literalmente insoportable. Creemos morir de tanto dolor emocional. Aun así, no hay que olvidar que nadie ha muerto por ello.

Si cada vez la persona que siente el síndrome de abstinencia lo supera, este empezará a debilitarse, a ser menos frecuente y así hasta acabar desapareciendo.

Si por el contrario le vence (sobre todo al principio) y vuelve a ver a su expareja, aunque en los primeros momentos sienta una paz y una calma muy grandes (como el que obtiene de nuevo la droga), os aseguro que a los cinco minutos o a los cinco días la persona dependiente se va a acabar preguntando indignada por qué se dejó llevar y retrocedió. Y además, lo hizo justo cuando ya estaba fuera. Lo más probable es que enseguida se dé cuenta de que vuelven a reproducirse exactamente las mismas quejas, discusiones y problemas entre los dos.

Pero en cualquier caso —lo expongo aquí para que no nos torturemos más de la cuenta—, todo proceso de desenganche tiene su síndrome de abstinencia (ya que, de no ser así, no estaríamos hablando de dependencia), con lo cual, es muy normal que alguna vez este nos venza o nos debilite. A menudo mis pacientes me confiesan que en los peores días se plantean si han hecho bien al alejarse de la relación, si eso significa que están dando marcha atrás en su proceso. Y mi respuesta siempre es muy contundente: ¡para nada! Esto no tiene nada que ver con ir hacia atrás. Como ya se ha comentado, el síndrome de abstinencia es parte del proceso, y debemos tener claro que vamos a atravesarlo, nos guste o no. Cuanto más preparados estemos, mejor; aunque, en el fondo, nunca lo estaremos del todo.

Si sufres de dependencia emocional, debes tener presente que la capacidad de superarla la tenemos todos, sin excepción. Lo que a veces falta es la voluntad. Y como bien sabéis, querer es poder. Muchas personas se quedan en el «No puedo», poniendo de manifiesto un importante problema de autoestima que deberían trabajar cuanto antes. Repito: todos podemos. Solo es necesario quererlo, desearlo de verdad.

Un refrán afirma que el que no cambia es porque no quiere. Si uno quiere y realmente no puede, buscará la manera de conseguirlo, pidiendo ayuda o utilizando los medios que sea, pero lo acabará haciendo.

Por duro que parezca (y está claro que lo es), si nos proponemos superar el síndrome de abstinencia, todos podemos conseguirlo.

## Las recaídas

Las recaídas son habituales en la mayoría de los afectados que intentan salir de una dependencia emocional. El hecho de decirse a uno mismo «Se acabó» y después de hablarlo decidir dejar la relación, pero aun así volver a intentarlo una y otra vez, es de lo más común. Está claro que sería mejor evitarlo, pero no siempre estamos preparados para ello.

Si hay adicción, hay síndrome de abstinencia; y si hay síndrome de abstinencia, lo más probable es que recaigamos alguna vez. Tenemos tantas dudas, tantos miedos y tanta inseguridad, que correr hacia lo que conocemos es lo más fácil dentro de nuestro repertorio de posibilidades. Está claro que volver con él no debería ser una opción, pero en algún momento del proceso nos daremos cuenta de ello y entonces lograremos evitarlo.

Lo importante es que, aunque recaigamos, volvamos de nuevo a nuestro eje, que volvamos a salir de allí con más fuerza y determinación.

Si cuando llegamos a este punto ya hemos empezado un trabajo para reforzar nuestra autoestima, va a ser más fácil evitar la espiral de la relación tóxica.

Si una persona no está haciendo terapia, es frecuente ver que deja la relación y vuelve a ella de manera habitual. La gente de su alrededor ya no sabe si están juntos o separados. Hoy tienen clarísimo que no se soportan y mañana se juntan otra vez como si tuvieran la relación más sólida del mundo. Son como un yoyó que sube y baja como si nada. Pero está claro que esto no es sano, y en una relación así, los dos se van desgastando cada vez más.

Cuando uno hace un proceso terapéutico, empieza a tomar conciencia de todo esto. De lo que le pasa, de cuándo aparece el síndrome de abstinencia, de cuándo se deja llevar por él o cuándo lo supera con éxito. Y es que a pesar de que uno entienda lo que le pasa y que debe alejarse, que debe cortar el contacto y pasar página, a veces necesita volver a entrar en la relación «una última vez». De esa manera tocan fondo. Y es también frecuente que esa «última vez» se repita una y diez veces más, que tengan que entrar y salir en varias ocasiones. Al volver, lo hacen convencidos del gran amor que sienten el uno por el otro y te dirán que se quieren tantísimo..., y si los ves desde fuera, te preguntarás: ¿a quién quieren engañar exactamente? ¿Es que son los únicos que no ven que no van a ninguna parte, que esa relación no funciona?

En realidad lo saben perfectamente, pero se quieren engañar para justificar un nuevo intento.

El hecho de recaer puede parecer un «retroceso» (sobre todo porque es probable que ya llevaran un tiempo separados), pero no lo es. No es lo más recomendable, pero a veces ayuda a acabar con la última gota de esperanza que quedaba en su mente. Aunque de manera racional entiendan que su pareja no va a cambiar, que no son felices ni lo serán, hay una parte (donde se aloja la dependencia) que siente que necesita esa última experiencia, necesita intentarlo una vez más para decir basta para siempre. Esto no significa que la recaída sea positiva, pero en algunos casos cuesta evitarla.

Es fundamental entender que por el hecho de recaer no tenemos por qué hundirnos ni pensar que está todo perdido, que nunca lo vamos a superar o que no somos capaces de hacerlo. Si hay «reincidencias», vamos a crecer con ellas, nos van a enseñar mucho y nos harán más fuertes para que demos el siguiente paso con más firmeza y seguridad.

En función de cómo sea cada persona, del nivel de autoestima que tenga, de su grado de conciencia sobre lo que le pasa..., va a encontrar la fuerza suficiente para superar el síndrome de abstinencia más rápida o más lentamente, va a tener más recaídas o menos y volverá a ser una persona libre antes o después.

Aun así, nuestro gran objetivo debe ser no recaer jamás.

He querido profundizar en el tema de las recaídas porque son comportamientos frecuentes y nos hacen sentir muy mal, nos hunden. Cuando llevamos un tiempo alejados del otro y volvemos a él (con lo que nos costó salir), lo percibimos como un fracaso, como algo totalmente negativo. Es importante que no dejemos de luchar por ello, y que retomemos nuestro camino hacia la libertad cuanto antes.

Cuando ya nos encontramos inmersos en un proceso terapéutico para superar la dependencia, no nos podemos permitir varias recaídas. Puede haber una o dos... y ya está. Eso nos hará aprender. De no ser así, significa que no estamos responsabilizándonos de nuestro proceso. Si sabemos que tenemos que dejarlo y seguimos con ello, ¿qué está fallando? Es necesario razonar a fondo lo que nos está ocurriendo y poner grandes dosis de fuerza de voluntad para así tener dónde agarrarnos, evitando volver atrás.

## Contacto cero

El contacto cero es la mayor de las herramientas. Y lo tengo claro porque veo a diario la evolución que hace cada persona que lo entiende y lo lleva a la práctica. No os diré que sea fácil; ya hemos visto cómo el síndrome de abstinencia hace que nuestro mayor deseo sea contactar con nuestra expareja, ya sea con una llamada, un mensaje, un correo electrónico o yendo directamente a verlo.

Si nos dejamos llevar, volveremos a activar todos los síntomas de malestar que nos producía la dependencia. Todos. Y tendremos que volver a salir otra vez. Ocurre bastante en los procesos de «desenganche», pero hay que intentar sobreponerse y evitarlo. Si hasta ahora no lo hemos conseguido, no pasa nada, ¡lo conseguiremos, seguro, la próxima vez!

Cuando damos el paso y abandonamos la relación, es habitual que experimentemos una enorme liberación: estamos más tranquilos, dormimos mejor y poco a poco volvemos a entrar en contacto con nosotros mismos. Cuanto menos contacto tengamos con la persona «de la que dependemos», más recuperamos nuestra esencia, aunque este sentimiento se mezcle con el malestar de la abstinencia y el duelo que estamos atravesando, pero no hay que ignorar estos momentos de bienestar profundo y sincero, porque hasta el momento no los sentíamos nunca.

Para ello, para que esta paz y seguridad de que hemos hecho lo correcto se vayan instalando en nuestro interior de manera permanente y estable, es importante que nos mantengamos alejados del otro, sin contacto alguno.

He visto en muchas ocasiones que la persona dependiente dice «Ahora somos amigos», «Quiero cenar algún día con él», etc. Si lo hacemos y realmente había dependencia, os aseguro que nos estamos engañando. Es como si una persona alcohólica te dijera «Solo tomo un vodka los viernes por la noche». No es posible. Si hay una adicción, hay que conseguir que la persona desaparezca de nuestra vida, vencer la necesidad de volver a tenerlo con nosotros y romper así con la dependencia. No olvidemos que no es amor lo que sentimos por el otro ni lo que siente el otro por nosotros.

En mi opinión, hemos de ser muy estrictos con el contacto cero, comprender muy bien lo que significa y lo que implica, y respetarlo al máximo. Para conseguirlo, debemos tener en cuenta una serie de conductas que pueden ser extremadamente dañinas y hacer que nuestra agonía se perpetúe más de la cuenta.

## Cómo conseguir el contacto cero

1. **Eliminar el contacto de las redes sociales y del móvil.** Las redes sociales, en estos casos, pueden hacer muchísimo daño. El hecho de poder controlar si pone una foto con fulanita o ha salido con menganita, de ver cuál ha sido la última hora en la que se ha conectado, de si ha comentado el estado de otra persona, etc., es una auténtica agonía. Los que estáis en esta situación lo sabéis muy bien. Y precisamente por ello, hay que cortarlo aunque cueste. También hay mujeres que conocen las contraseñas de sus parejas y entran en sus redes sociales o en su correo electrónico, y se destrozan a sí mismas viendo lo que escriben y a quién, leyendo cómo flirtean con otras y a veces incluso cómo hablan mal de ellas. Mi recomendación habitual a todos mis pacientes, dado que deseamos superar la dependencia emocional y que la relación ya ha acabado, es bloquear su cuenta en todas las redes sociales que tenga (es la única manera para que no veamos absolutamente nada relacionado con su vida, y no es lo mismo que eliminar su perfil) y bloquearle también en WhatsApp.

2. **Cortar el contacto físico.** A menudo puede que nuestra expareja tenga también un punto de enganche con nosotros —o sin tenerlo, no entienda por qué tiene que dejar de vernos—, y siga contactándonos como si nada. Tiene la costumbre y no comprende por qué debe dejar de hacerlo. Esto nos va a desestabilizar muchísimo. De entrada, hemos de explicarle que necesitamos un tiem-

po de contacto cero en el que no sepamos nada de su vida. Tenemos que pedirle que lo respete, y conste que no va a ser tarea fácil para nosotros, porque hay una parte de nuestro cerebro (donde está el enganche) que le sigue pidiendo a gritos que nos busque, pero a pesar de ello debemos esforzarnos. Nosotros mismos nos vamos a dar cuenta de que cuando estamos unos días sin saber nada estamos más tranquilos y que cuando contacta con nosotros, nos desestabiliza completamente y acabamos llorando, con angustia o sintiéndonos de la peor manera posible otra vez.

Tras pedirle que respete nuestra decisión, habrá que ver. Tengo comprobado que en más del 50 % de los casos la otra persona no nos respeta. Nos llama de vez en cuando como si nada o con alguna excusa de lo más banal. Nos manda un wasap, o si le hemos bloqueado, lo intenta con un SMS, porque sabe que nos llegará seguro. Si no obtiene respuesta, puede que pruebe con un correo electrónico, y si aun así no respondemos, a lo mejor lo intentará llamándonos al teléfono fijo de casa o presentándose directamente en algún sitio de nuestro entorno habitual.

Si eso pasa, debemos tomar medidas:

- Cambiar de número de móvil. Aunque nos parezca algo muy engorroso, en realidad no lo es tanto, y así aprovechamos para distanciarnos de todas aquellas personas que teníamos en común, de modo que nos sea más fácil mantenernos erguidos.

- Bloquear su dirección de correo electrónico. Para que si nos escribe, sus correos vayan directamente al buzón de correo no deseado, o cambiar de *e-mail*.

Si permitimos que contacte con nosotros, puede manipularnos con sus argumentos, pues sabe muy bien cómo hacer para que volvamos a intentarlo, para que retornemos a la misma historia de siempre. Una historia que ya ha quedado claro que va a seguir siendo igual. Por más promesas y juramentos que nos haya hecho, si hemos llegado a este punto, debemos dejar de creer en sueños de hadas y asumir que va a ser lo mismo. Es frecuente que cuando el otro ve que esta vez va en serio, se arrastre y se haga la víctima hasta límites insólitos, haciéndonos sentir de la peor manera y debilitándonos hasta llenarnos de dudas sobre si estamos haciendo lo correcto. Entrar en contacto con él es volver a la misma rueda en la que nos encontrábamos justo antes de conseguir salir. Por ello es importante que estemos mentalizados de lo que vendrá, para así poder evitarlo de manera más firme.

**3.** **Dejar de hablar de tu ex.** Debido al componente obsesivo que tiene la dependencia, es fácil y probable que sin darnos cuenta estemos hablando constantemente de él con todo el mundo. Nuestros familiares, amigos, compañeros de trabajo... nos escucharán porque creerán que es lo que necesitamos, pero no son conscientes de hasta qué punto nos perjudicamos con ello. Cada vez que hablamos de él estamos sufriendo muchísimo. Contacto cero no significa simplemente no verle. Significa borrarle de nuestra mente (en la medida de lo posible). Y si hablamos de él, lo tenemos en la mente. Estamos alimentando los pensamientos sobre él, lo recordamos, lo imaginamos, y esto nos impide avanzar. Hace que el otro siga presente en nuestra vida y lo que necesitamos es justo lo contrario: que desaparezca para que podamos seguir adelante.

**4.** **Pedir a nuestros amigos en común o familiares que no nos hablen de él.** Que no nos den ninguna información. Hablar de él o que nos hablen de él tiene exactamente el mismo efecto. Es tenerle presente, y siempre que esto pase experimentaremos un bajón anímico. Podemos estar muy bien en un momento determinado, y al recibir la noticia, nuestros ánimos cambiarán bruscamente. Nuestros amigos son conscientes de lo que estamos pasando, y entenderán perfectamente si les pedimos que dejen de comentar nada del otro.

**5.** Si puede ser, es mejor no quedar con sus amigos, aunque hayan pasado a ser amigos en común, ya que nos recordarían demasiado a él, y esto, como comprenderéis, tampoco nos ayudaría. Les podemos explicar lo que nos sucede y pedirles que durante un tiempo respeten nuestra distancia. Si son buenos amigos, lo entenderán y lo respetarán sin problema.

**6.** Si surge algún problema (lo que sea: una avería, papeleo, un consejo...), no recurrir a él para que nos ayude. Si no tengo el teléfono de nadie que pueda ayudarme, debo arreglármelas de otra manera, preguntando a algún amigo, familiar o vecino.

**7.** No frecuentar sitios en los que sabemos que es probable encontrarle. Muchas veces esto genera una cierta indignación y nos decimos: «¿Y por qué tengo que cambiar yo de hábitos?». Pues bien, estamos hablando de dependencia emocional. Se trata de una situación grave en la que sufrimos mucho y deberíamos dejar de lado quién debe cambiar sus costumbres. Hay que dejar de verle y punto.

Si asumimos estas premisas, haremos lo que haga falta para recuperarnos. De lo contrario, si buscamos o encontramos al otro, acabaremos sintiéndonos muy mal, incluso acostándonos con él, y al día siguiente nos sentiremos muchísimo peor, deshechos por todo lo ocurrido.

Os aseguro que, a la larga, hacer un esfuerzo y cambiar «nuestra ruta» nos va a beneficiar enormemente. Nuestros amigos lo entenderán muy bien si les pedimos un cambio de bares, restaurantes o actividades.

Habrá quien piense que hacer esto es huir del problema, pero no es así. No olvidemos que estamos hablando de dependencia emocional, y, como tal, evitar las recaídas al principio será de grandísima ayuda. Es por esto por lo que un ludópata pide a las salas de juego que le impidan la entrada o un alcohólico deja de frecuentar los bares de copas y de juntarse con aquellos que beben de manera habitual. Es muy lógico y solo será necesario durante un cierto período. Pasado un tiempo, cuando nos sintamos liberados y hayamos recuperado nuestra fuerza y dignidad, ya podremos elegir dónde vamos y con quién, y podremos hablar de él sin sentir ningún reparo. Pero hasta que llegue este momento, se trata de evitar el contacto a toda costa, implique los cambios que implique.

## Los amigos

Los amigos son una figura sumamente importante a la hora de salir de la dependencia emocional, aunque a veces tenemos miedo de que nos tomen por locos. Dadas las idas y venidas de la relación, ya no sabemos ni cómo volver a contarles otra vez la misma historia. Un día les estás hablando durante dos horas sobre todo lo que él te hizo, lo mal que lo pasaste y lo infeliz que has sido a su lado, y tus amigos te aconsejan, te dan su apoyo y prometen ayudarte en lo que necesites para superar ese capítulo tan oscuro. A la semana siguiente, les dices que has estado hablando con él, y que se arrepiente de todo lo que pasó y que va a cambiar. Tus amigos lo aceptan de nuevo, puesto que es tu vida y tu decisión, y no desean ponerse en medio.

Al cabo de un mes, vuelves a dejar la relación y les confías más o menos lo mismo, y a las dos semanas vuelves a estar con él...

Llega un momento en el que es probable que ya no te atrevas a acudir a ellos porque te da vergüenza. Sabes que ellos ven claro que no puedes seguir así, que si cortas tan a menudo o te sientes mal con mucha frecuencia, es porque no estás bien y que nunca lo estarás. Conoces lo que te van a decir, y en consecuencia decides no acudir a ellos. Esto es peor, porque son tu punto de referencia de la realidad, de tu problema y de lo que estás viviendo.

Si tenemos una red amplia de amigos, mucho mejor. Nos encontraremos con el que simplemente nos escucha con una paciencia infinita y nos dice que todo saldrá bien; otro nos riñe y se pone mordaz al no entender por qué no nos damos cuenta de que tenemos que salir de la relación; otro nos repetirá una y otra vez aquello que tanto necesitamos escuchar, aunque no actuemos de la manera más apropiada. Todos ellos son necesarios porque nos ayudan a coger perspectiva y, desde la distancia, ver con mayor claridad lo que hay.

Como con otras adicciones, como con el tabaco o el alcohol, la responsabilidad de asumir lo que hay y lo que debemos hacer es única y exclusivamente nuestra. No debemos dejar una relación tóxica porque nos lo dice nuestro amigo o porque nos lo suplica nuestra madre. Debemos ser nosotros mismos.

Y una vez que tomemos la decisión, debemos explicarles a nuestros mejores amigos lo que nos pasa. Deben comprender lo que es la dependencia emocional (la mayoría no lo sabe y ni siquiera ha oído hablar de ella) y por qué lo hemos llevado de esa manera tan aparentemente irracional. Deben comprender que no estamos locos ni somos idiotas, sino que tenemos una adicción y, como tal, es difícil superarla.

Los amigos nos pueden ayudar muchísimo cuando nos encontremos con el síndrome de abstinencia. Seguro que se alegrarán enormemente al saber que hemos decidido soltar esa relación de manera definitiva, y estarán dispuestos a hacer cuanto esté en sus manos para ayudarnos.

Deberíamos hacer pactos y pedirles permiso para recurrir a ellos en momentos clave: si sentimos la necesidad de llamarles, aunque sea a medianoche; o si un domingo por la tarde la soledad de nuestro piso sin sus cosas nos aplasta, quedar para ir al cine, o a tomar algo o simplemente pasear. Si en esos duros momentos podemos contactar con ellos, podremos evitar llamarle a él. Hablar con un amigo nos va a calmar la ansiedad del momento, nos recordará por qué estamos así, cómo hemos llegado a ese punto y por qué no debemos dejarnos llevar por la falsa necesidad del otro. Y esto tiene un valor incalculable. Una vez conseguido esto, los amigos nos ayudarán también a conectar con quienes somos. O con quienes éramos antes de la dependencia. Seguramente nos hemos perdido a nosotros mismos y nuestra identidad se ha quedado en el camino. Es imprescindible recuperarla para seguir adelante más fuertes y seguros.

No sientas vergüenza por acudir a tus amigos. Tiremos de ellos tanto cuanto sea necesario. Debemos pedirles ayuda cuando lo sintamos. Ya les devolveremos el favor, aunque si somos amigos de verdad, lo van a hacer de corazón, sin esperar nada a cambio.

Es importante que evitemos estar solos. Ya nos iremos adaptando a nuestra nueva situación, pero al principio, cuanto más llena esté nuestra agenda, más fácil nos será superar el síndrome de abstinencia. Si nos quedamos solos, por inercia empezaremos a pensar en lo que nos falta, en él, en lo que vivimos, en lo que sentimos que hemos perdido, y de ahí es muy fácil volver a caer en la espiral negativa de la que estamos intentando escapar. Por ello, siempre es mejor que durante la primera fase de la recuperación tengamos nuestros días llenos de actividades y de gente. Con todo, si necesitamos un momento para desmoronarnos y romper a llorar desconsoladamente, nos lo tenemos que permitir, puesto que también hay que dar cabida a la tristeza. No debemos olvidar que estamos en un proceso de duelo.

Hay quien piensa que intentar tener muchas actividades y amigos alrededor es no querer afrontar la soledad, pero no es cierto. Ya llegará el momento de aprender a estar solos; vendrá sin que nos demos cuenta, a medida que nos vayamos recuperando y fortaleciendo. Hasta entonces, lo mejor es tener una agenda repleta, que no tengamos tiempo de aburrirnos, ya que el aburrimiento hace que nuestra mente retome los pensamientos acostumbrados, es decir, se centre en él. Y ya sabéis qué pasa si empezamos a adentrarnos en ese terreno...; deberemos darnos cuenta y cortar el pensamiento, buscar una actividad que capte nuestra atención, etc. Por ello, en esta parte del proceso lo mejor es no tener espacios para pensar, o tener los mínimos; cuantas más cosas nos pasen, mejor.

## Aprender a estar solo

Tras la fase en que buscaremos estar ocupados, poco a poco iremos activando las ganas de conectar con nuestra soledad. Sentirla y abrazarla es importante en este punto del proceso. Ya hemos asumido que la relación carecía de sentido, lo hemos aceptado y nos vamos sintiendo cada vez más a gusto con nosotros mismos. No necesitamos tanto a los demás y nos llenamos de fuerza, porque vemos que estamos vivos dentro de nuestra piel. Vamos recordando quiénes éramos antes de aquella historia, lo que nos gustaba, y empezamos a volvernos exigentes con quienes nos rodean.

Aprender a estar solos implica reencontrarnos. Significa asumir nuestro potencial y reconocérnoslo, así como recuperar nuestra dignidad y nuestras ganas de respetarnos y poner límites a todo aquel que no lo haga.

Pero cuando hablamos de aprender a estar solos, no lo decimos solamente en sentido literal. Aprender a estar solos también implica, como dice Walter Riso, entrar en un período de huelga afectiva, es decir, no implicarnos emocionalmente con nadie. No empezar ninguna relación de pareja durante un tiempo.

Es muy frecuente que justo cuando soltamos una relación de dependencia emocional, surja alguien que de entrada parece ser lo que siempre hemos buscado, que tiene todas aquellas características que le faltaban a nuestro ex, y decidimos empezar una relación con él. Pues bien, en estos casos lo más probable es que la nueva relación no salga bien.

Y esto se debe a que aún no nos hemos dado el tiempo necesario para recuperarnos y romper con la adicción. Hasta que no pase un cierto tiempo, en el que nos mantengamos alejados y haciendo lo necesario para liberarnos, seguimos siendo dependientes, lo admitamos o no. Nuestro cuerpo tiene la necesidad de llenar el vacío que ha dejado la relación y este vacío duele, y el dolor nos pone en marcha para buscar a alguien que lo encubra y así dejar de sentirlo.

Si a pesar de todo decidimos empezar una nueva relación, lo más probable es que pase una de estas tres cosas:

1. Que al poco tiempo empecemos a verle defectos y a disgustarnos con esta nueva persona que está a nuestro lado, debido a que aún pensamos en la anterior relación (en la cual desarrollamos la dependencia).

2. Que aparentemente la nueva relación vaya muy bien, hasta que «ahoguemos» al otro al empezar a mostrar nuestros síntomas de dependencia hacia él. Es decir, generamos también y sin darnos cuenta una dependencia con una nueva persona. Ocurre frecuentemente, y es porque acabamos de soltar aquello que necesitábamos y trasladamos esa necesidad a otro individuo. Seguimos con el mismo rol, actuando igual, pero con una persona diferente. Y el motivo por el que repetimos el proceso es porque no lo hemos resuelto satisfactoriamente, es decir, no nos hemos dado el tiempo suficiente para aprender a estar solos y sin ninguna relación.

3. Que estemos susceptibles o irritables en exceso. Esto suele ocurrir cuando en la relación anterior hubo maltrato psicológico o sentimos mellada nuestra dignidad personal. Si la persona se ha dado cuenta de todo lo que

permitió, por un «efecto rebote» pasa al polo opuesto y ahora no tolera nada. Puede tener ataques de ira o impulsos compulsivos de apartar a su nueva pareja de su vida (y a lo mejor se trata de una bellísima persona) con excusas diversas.

Esto sucede porque no nos hemos dado el tiempo necesario para desengancharnos, para recuperar nuestro yo. Hemos de aprender a estar solos y a estar bien sin pareja. Sin miedo, sin ansiedad, en calma y sintiendo bienestar con nosotros mismos. Hay que llegar a sentir el placer de estar sin apegos, sin dar explicaciones ni pedirlas, respirando la mayor libertad en cada inhalación. Ese es el objetivo.

Solo si conseguimos estar bien solos podremos crear una relación de pareja satisfactoria y sana. Si elegimos al otro desde la necesidad, esta nos va a llevar inevitablemente a la dependencia. Si necesitas a otro para ser feliz, esto significa que si lo pierdes, vas a perder la felicidad con él, y vas a hacer todo lo posible para que no suceda. Por ende, es básico recuperar nuestra autoestima, las ganas de cuidarnos, el amor hacia quienes somos y la fuerza para sacar de nuestro interior lo que podemos llegar a ser.

Cuando uno sigue este camino, cuando llega al punto en el que se siente libre y feliz estando consigo mismo sin necesidad de nadie más para sentirse completo, está preparado para empezar una relación de pareja con éxito. Podremos plantearnos qué es lo que queremos encontrar en el otro y qué es lo que no vamos a aceptar ni tolerar jamás.

Te recomiendo, tanto si en este momento estás en una relación de pareja como si no, que leas mi libro *A solas* (Zenith), un libro que ha ayudado ya a miles de personas a cambiar su concepción de la soledad.

# ¿Y SI HAY HIJOS?

*No evitéis a vuestros hijos las dificultades de la vida; enseñadles más bien a superarlas.*

LOUIS PASTEUR

Cuando la persona con quien tenemos dependencia emocional es el padre o la madre de nuestros hijos, la situación es un poco más complicada, aunque no por ello es imposible de resolver. El hecho de tener hijos en común hace que no podamos cortar sin más y pasar página mientras vamos haciendo el duelo. Están ellos y nos necesitan, por lo que debemos poner mucha atención a cómo hacerlo de la mejor manera posible para que las consecuencias les afecten lo mínimo.

Y es que, cuando, además de la propia ruptura con hijos, entre nosotros sufrimos dependencia emocional, las dificultades son aún mayores para todos. Lo mejor es que ellos vean, cuanto antes, que somos claros y firmes con la decisión de separarnos. De este modo podrán asimilar mejor la nueva realidad. Al contrario, ver a sus padres cortando y reconciliándose sucesivamente les dañará mucho más. Igual que si ven a uno de los dos progenitores llorando siempre y sin levantar cabeza, hablando mal del otro o anclado en la rabia y buscando formas de hacerle daño a su expareja; todo esto es muy perjudicial para los hijos y en ningún caso son conductas que ayuden a superar la dependencia, sino justo lo contrario. Para los niños no será lo mismo que sus padres tengan una relación mínimamente respetuosa y cordial a la hora de interactuar, que verles insultándose o haciéndose la vida imposible.

Si te encuentras en una relación de pareja con hijos y sufres dependencia emocional, llegados a este punto del manual, seguro que ya te habrás preguntado varias veces: «¿Cómo voy a conseguir el contacto cero teniendo hijos en común?».

Cuando hay hijos en común (y más aún si los niños son peque-ños), no se puede lograr el contacto cero absoluto, está claro, ya que habrá muchos puntos de los que hablar respecto a ellos.

De todas maneras, mi recomendación siempre es la misma: cuando hay un enganche evidente, es más importante lograr lo más parecido y lo que más se acerque al contacto cero.

Estamos hablando de dependencia emocional, esto es: hay un enganche tóxico del que debemos sanarnos. Y debemos ha-cerlo por nuestro bien, pero también por el de los niños. Ellos nos ven mal, nos ven sufriendo, nos ven discutiendo, nos ven llorando y, al estar en la infancia, aprenden de todo lo que les mostramos. Van tomando notas mentales de cuanto sucede a su alrededor y lo van archivando en su disco duro. Lo incor-porarán como conductas normales en su día a día, y crecerán con toda esta información. Lo más probable es que el día de mañana se comporten como te han visto comportarte a ti en sus propias relaciones. Pregúntate en cada momento si lo que te ven hacer o cómo te muestras es lo que quieres que aprendan. Y no me digas «Oh, claro, pero es que yo estoy mal, qué le voy a hacer». Tú eres la persona adulta, y si estás mal y no tienes herramientas o no sabes gestionarlo, debes responsabilizarte y buscarlas. Tienes que pedir ayuda profesional, invertir en ti y en tu crecimiento para ser el mejor ejemplo para tus hijos.

Los errores que con mayor frecuencia cometemos cuando su-frimos una dependencia emocional y hay hijos en común son los siguientes:

✱ Con la excusa de que tenemos que hablar de los niños, rompemos el contacto cero y quedamos con nuestra ex-pareja. Al hacerlo, inevitablemente surgen emociones de rabia por lo que ha pasado, con lo que acabamos discu-tiendo de manera despiadada y al final nos sentimos mu-cho peor de lo que estábamos antes.

* Cuando se trata de casos en los que hubo maltrato psicológico y con ello manipulación, no deberíamos verle ni para llevarle a los niños cuando corresponda. Tendríamos que encontrar a alguien que lo hiciera por nosotros, porque el simple hecho de encontrarnos frente a él o ella, nos puede generar ansiedad, pensamientos contradictorios, dudas de lo que sentimos, lástima hacia el otro (incluso en casos de humillaciones extremas)... Cuando ha habido manipulación, lo más probable es que el otro intente volver a llevarnos a su terreno, haciéndose la víctima o el desvalido. Necesita de nosotros para mantener su rol. Ya sabéis, si no hay sumiso, no hay amo, y el maltratador encuentra extraña esta situación.

* Si nos vemos con regularidad porque queremos tener una buena relación con el padre de nuestros hijos, podemos sufrir recaídas con mayor facilidad, y convertir la relación en un ir y venir de reconciliaciones y rupturas, confundiendo así a los niños, que nunca pierden la ilusión de ver a sus padres juntos de nuevo.

Cuando se dan estas situaciones, como podéis deducir, los más perjudicados son los pequeños. Para ellos no hay nada más tóxico ni difícil que vivir realidades ambiguas. Para un niño, es mucho mejor, más sano y equilibrado ver a sus padres separados, pero felices, estables, y que tengan una buena relación entre ellos (aunque sea mínima), que verlos juntos, pero discutiendo constantemente, faltándose al respeto y humillándose el uno al otro.

Al fin y al cabo, los padres son su modelo de referencia. Son los maestros que les enseñan cómo debe ser una relación, quienes les aclaran lo que es normal y lo que no es aceptable. Lo que vivan en la infancia, para ellos será lo «normal», lo que está bien, y es muy probable que, aunque no les guste, lo acaben reproduciendo de mayores.

Por todo ello, el hecho de tener hijos no debería ser un freno a la hora de salir de una relación tóxica con dependencia emocional, sino un acelerador, un elemento imprescindible que tener en cuenta, que nos dará la fuerza necesaria para tomar la decisión de alejarnos del otro. No olvidemos que cuando se trata de casos de dependencia, no hablamos de amor, de parejas que se respetan y admiran, sino de relaciones en las que uno no deja ser ni realizarse al otro, o lo maltrata faltándole al respeto y a su dignidad. Por eso hay que salir corriendo de allí cuanto antes. Ningún niño debería vivir una realidad como esa.

Y, por favor, no caigamos en la trampa de decidir seguir allí aunque estemos terriblemente mal solo porque no podemos soportar la idea de que «se va a romper la familia». No te digas eso de que «yo quería construir una familia unida y ahora mis hijos van a tener que vivir esto». En primer lugar, la familia no se rompe, simplemente cambia de forma. Y en segundo lugar, quien te dijo que la forma ideal de familia es estar todos juntos, se olvidó del matiz más importante: la forma ideal de familia es estar todos juntos siempre y cuando ese modelo sea sano, constructivo y fortalecedor para el niño. Cuando, al contrario, se trata de un modelo en el que lo que se enseña es a maltratar, humillar, menospreciar, gritar, discutir, dejar de hablar, traicionar o tratar a los demás con frialdad, desprecio y sin empatía, cariño ni compasión, la separación siempre será la mejor de las opciones. Que no te quepa la menor duda.

## ¿Cómo debemos hacerlo?

Cuando uno decide cortar con una relación en la que hay dependencia pero tiene hijos en común con su pareja, lo ideal es que esté un tiempo sin ver al otro. El contacto cero con la pareja es muy recomendable para alcanzar la perspectiva necesaria para asumir lo que hay (que no le quiere, que no le trata bien, que no quiere estar con él o ella, etc.). Aun así, el padre ha de ver a sus hijos para que a ellos el cambio les altere lo mínimo. Sería bueno encontrar la manera más equilibrada de hacerlo, pensando siempre en los niños en primer lugar. Se trata de buscar una rutina en la que nuestros hijos se sientan cómodos y que permita a los dos estar con ellos equitativamente.

Considero indignante el sistema actual en lo que respecta a este tema. He visto muchos casos de hombres que sufren lo que no está escrito, porque la mujer «decide» que los hijos solo van a estar con ella, y que únicamente le va a permitir verlos cuando ella lo considere. Evidentemente, la persona que actúa así solo piensa en ella, no en el niño. Inventan una historia que les favorezca y que les dé la razón sin más. Cuando hay un hijo, no importa lo que haya pasado en la relación de pareja; esto tiene que quedar en un segundo plano y lo que debe primar es que el niño sienta que los dos siguen estando allí, queriéndole igual que siempre y dedicándole el tiempo que merece por igual.

Una vez que tenemos asumido que la relación ha acabado, y que aceptamos que el otro está ya con una nueva pareja o simplemente que no es lo que queremos y por ello no volveremos con él o ella, deberíamos seguir con el mínimo contacto. Eso significa hablar solamente cuando sea necesario. Y es que a menudo caemos en el error de permitirle al otro (o hacerlo nosotros mismos) que nos escriba cada día preguntando cosas como «¿Cómo está el niño?», «¿Ha comido bien?», «¿Qué va a hacer hoy?»... Es de una importancia clave que aclaremos con el otro que esto no es necesario en absoluto. Estamos saliendo de una dependencia y no podemos abordar la ruptura como lo haríamos si la relación hubiera sido sana.

Tenemos que dejar claro que solo tenemos que escribirnos si es necesario. El otro tiene que estar seguro de que si le pasa algo al pequeño, será el primero en saberlo, que le llamaremos o iremos a buscarle si hace falta. Si no le decimos nada, es porque el niño está perfectamente. Asumiendo esto, nos ahorraremos muchos mensajes, y es que con cada uno de ellos vuelven a activarse en nuestro interior un montón de emociones contradictorias que dificultan nuestro proceso. Por lo tanto, cuanto menos contacto, mejor. Hay que evitar lo que no es estrictamente necesario.

> *IMPORTANTE: Sea cual sea el motivo por el que nos separamos, por favor, no podemos olvidar que lo prioritario deben ser siempre nuestros hijos. Siempre.*
>
> *Digo esto porque está claro que una ruptura pocas veces suele ser pactada de mutuo acuerdo entre las dos personas. Por lo general, es una de ellas quien le expone a la otra que quiere dejar la relación. Y los motivos no acostumbran a ser nunca fáciles de gestionar para la otra persona.*
>
> *Puede ser que te hayas enamorado de alguien más y te hayas dado cuenta de que ya no amas a tu pareja como pareja y por eso decides dejarla.*
>
> *Puede ser que te hayas dado cuenta de que sufres maltrato psicológico por parte de tu pareja y que no quieres seguir permitiéndolo, por lo que quieres poner punto y final a la relación.*
>
> *Puede que hayas descubierto una infidelidad por parte de tu pareja y no puedas o quieras seguir a su lado a partir de ese golpe tan grande que eso ha supuesto para ti.*
>
> *Puede que la convivencia sea muy complicada porque no te ayuda en nada, porque lo dificulta todo, porque no aporta a nivel económico... y que te haya llevado a desear con todas tus fuerzas, empezar una vida sin él o ella.*
>
> *Puede que te des cuenta, por su forma de tratarte, de que no quieres que ese sea el modelo del que aprendan tus hijos.*
>
> *O puede que sea la otra persona la que decida dejar la relación contigo por los mismos motivos que acabo de comentar y, por tanto, se quiera alejar de ti.*

*Está claro que no es agradable ni fácil de gestionar, ni desde un lado ni desde el otro. Pero no hay que olvidar que, por muy profundo que sea el dolor que esa ruptura nos provoca, por muy grande que sean la traición, el despecho, la ira o la impotencia experimentada, con independencia de los motivos por los que nos tengamos que enfrentar a esa ruptura, debemos pensar en nuestros hijos primero.*

*Lo único que vamos a conseguir al castigar al otro, ponérselo difícil, evitar que vea los niños en la misma medida que nosotros, hablar mal de él o ella a los niños o ponerlos directamente en su contra es causar un daño profundo y a menudo irreparable a los propios hijos.*

*Por supuesto, si tenemos claro que nuestra expareja sufre algún trastorno de personalidad o puede ser un peligro que se quede a solas con nuestros hijos, tendremos que tomar medidas legales, aunque ya te adelanto que no va a ser fácil. Lo ideal siempre es que el niño cuente con el padre y la madre por igual, pero es evidente que si esto pone en riesgo su salud o su vida, no puede ser así. Si este es tu caso, te recomiendo encarecidamente que leas mi libro* Personas tóxicas *(Zenith), en el que te doy muchas pautas e información que te será muy útil para entender y sobrellevar la situación.*

# CAPÍTULO 4

# FASES DE LA SUPERACIÓN
## DE LA DEPENDENCIA
# EMOCIONAL

**A** pesar de que cada persona lo viva como si fuera algo único e incomparable, cuando estamos saliendo de una relación con dependencia emocional todos pasamos más o menos por las mismas fases.

Algunos quedaremos atrapados en ella más tiempo del que teníamos previsto, pero esto no significa que no vayamos a salir. Ya hemos dejado claro que aquel que quiere salir, lo consigue.

El orden que se propone a continuación no se cumple necesariamente; ni siquiera todos pasamos por las mismas fases sin excepción. Al contrario, dependiendo de cada caso el proceso será de un modo u otro.

De todas maneras, sí podemos asegurar que todas ellas son fases que experimentamos cuando estamos en proceso de desengancharnos de una relación de pareja dañina, en la que habíamos quedado atrapados.

Recordemos primero los tres peldaños que tenemos que subir inevitablemente si queremos después atravesar las fases que nos permitirán salir de la dependencia.

# Despertar

Muchas veces, cuando pedimos ayuda psicológica aún no somos conscientes del problema que tenemos. No nos hemos dado cuenta de que sufrimos dependencia emocional. Acudimos a un psicólogo porque vemos que necesitamos alguna directriz para reconducir nuestra relación, y que esta no funciona correctamente. Nuestra demanda acostumbra a ser: «¿Qué puedo hacer para que esto funcione? ¿Cómo aceptarle sin que me genere este malestar ni me altere de esta forma?». En definitiva, lo que nos preguntan a los especialistas es qué hacer para que una relación que en realidad no ha funcionado nunca funcione.

Pero esa es solo la excusa con la que se engañan a sí mismos para pedir ayuda; en el fondo saben perfectamente que tienen que salir de allí. Aunque a medida que vas perfilando esa idea en su mente se muestren sorprendidos y contrariados, en realidad hay una parte en su interior que lo sabía bien y por eso vinieron. Porque se dan cuenta de que ellos solos no pueden romper con la dependencia.

Despertar significa darse cuenta, mirar tu problema de frente, con los ojos bien abiertos y la mente receptiva. Hay pocas cosas tan gratificantes como el hecho de tomar conciencia de algo que teníamos delante y, que a pesar de ello, no podíamos ver.

# Aceptar

Aceptar es asumir, abrazar con fuerza lo que sentimos y decir: «Sí, es cierto, esto es mío, esto es lo que siento, este soy yo... ¿Y qué?».

Aceptar es hacernos cargo de lo que nos pasa y de aquello que sentimos. Aceptar es asumir nuestra responsabilidad y a partir de ahí, decidir qué vamos a hacer. Aceptar implica compromiso, asumir el control y decidir pasar a la acción.

## Pasar a la acción

Esta parte será, sin duda, la más dura y complicada de atravesar. En ella podemos quedar atascados o sentir que damos un paso atrás en vez de avanzar. Es la parte en la que tenemos que estar más convencidos de por qué estamos en ese proceso y de la importancia de llegar hasta el final. Y es también donde nos encontraremos con las diferentes fases por las que hemos pasado todos los que hemos salido de una dependencia emocional.

Todas estas fases forman parte de este proceso de desenganche y recuperación de uno mismo.

# ETAPAS PARA RETORNAR A UNO MISMO

## Euforia

En cuanto cortamos el lastre que supone una relación así, sentimos una liberación que proviene de lo más profundo de nuestro ser. Conectamos con nuestra intuición y sabemos que hemos hecho lo correcto. Esto es lo que nos hace sentir tan llenos de vitalidad y euforia. Es como si alguien corriera la cortina que teníamos delante y de repente viéramos que hay todo un mundo detrás, que hay naturaleza, lluvia, aire fresco..., libertad. Es una sensación difícil de explicar, pero el que la vive lo siente así. Quitarse un peso enorme de encima y sentirse liberado produce una mezcla de ilusión desmesurada y pánico a la vez.

Y es que al final se trata de un cambio y, como tal, lo normal es que nos produzca un cierto miedo. Un miedo que al atravesarlo nos hará más fuertes, más confiados, más llenos de energía.

En esta fase, analizamos lo que nos ha pasado y tenemos clarísimo que aquella persona no nos conviene, no es lo que nosotros buscamos en realidad y no encaja para nada con nuestros valores. Esta claridad nos confirma que hemos tomado la decisión correcta y que estamos en el camino adecuado para llegar a ser felices.

## Desdicha

También podríamos denominarla fase del victimismo o de la autoflagelación. Es aquella en la que nos venimos abajo. Nos entra la debilidad y, al bajar la guardia, se cuelan en nuestra mente todos los pensamientos que nos mantenían enganchados. Es como si entraran en nuestra conciencia y le dijeran a nuestra mente: «Eh, ¿qué te pasa? ¿Es que ya no te acuerdas de los viajes que hacías con él? ¿De lo bien que funcionabais en las relaciones sexuales? ¿De cómo te sentías cuando te daba alguna muestra de cariño, cuando te decía que te amaba tanto? ¿Qué ha pasado con eso? ¿Cómo has podido olvidarlo? Con lo que has luchado para que funcionara, ¿ahora te vas a rendir? ¿En serio?».

Estos pensamientos tienen un nombre que ya conocemos: síndrome de abstinencia. Si no estamos lo bastante fuertes como para hacerlos desaparecer, es posible que consigan manipularnos y persuadirnos para que volvamos con nuestro ex. Aunque en otro momento previo pudiéramos ver clarísimo que hicimos lo correcto al apartarnos, estos pensamientos pueden nublarnos la mente de tal manera que actuemos como si estuviéramos hipnotizados, y bajo ese estado (como dominados por alguien) volviéramos a él.

Si eso pasa, podemos observar claramente el efecto de la «droga emocional». Al retomar la relación, sentimos una paz y un placer indescriptibles, que se apoderan de nosotros y nos devuelven la falsa felicidad a la que estamos enganchados. De todas maneras, lo sabéis bien: dura muy poco. Y menos si estáis haciendo un proceso terapéutico, del que cada vez tenéis mayor conciencia. En este caso, esa paz transitoria es todavía más breve.

Y recordamos por qué hubo un momento en el que teníamos claro que aquello no funcionaba, nos sentimos mal, nos preguntamos por qué hemos vuelto a la relación si ya estábamos fuera, etc. Hemos recaído, no hay nada más que analizar.

Cuando recaemos, lo único que nos tiene que preocupar es cómo salir y colocarnos de nuevo allí donde estábamos cuando alcanzamos la fase de euforia. Como ya hemos hecho ese camino, nos costará mucho menos retomarlo.

Uno de nuestros objetivos más importantes tendría que ser atravesar la fase de desdicha sin recaer.

## Autoengaño

En esta fase, nuestra mente hace gala de su inmenso potencial. Es increíble ver de qué manera le damos la vuelta a la realidad y nos llegamos a creer nuestra propia interpretación de los hechos. A menudo, cuando una persona pasa por el período de autoengaño, su postura es parecida a esta: «La verdad es que ya lo tengo clarísimo, no volvería con él ni loca. De hecho, me gustaría quedar con él para tomar un café un día y decirle todo lo que pienso, para que vea que ya me he dado cuenta de lo que ha hecho conmigo y que no me va a engañar más. Siento que necesito decírselo ahora que estoy tan segura y fuerte...».

No podemos creernos ni media palabra. Acostumbramos a sentirnos así después de la fase de euforia, y sabemos que algo no encaja porque es indispensable atravesar la fase de desdicha.

El autoengaño también es producido por el síndrome de abstinencia, pero en estos casos aparece disfrazado de rabia (y es bien sabido que detrás de la rabia siempre está la tristeza).

Con la excusa de querer poner las cosas en su sitio, lo único que buscamos (aunque no seamos conscientes de ello) es volver a verle, es volver a él. Si nos salimos con la nuestra y lo conseguimos, al quedar con él pueden pasar dos cosas:

* Que él quiera volver y al mínimo intento de manipularnos nos lancemos al vacío.

* Que él no quiera volver, con lo cual al acabar el encuentro nuestra rabia se evaporará y dejará salir a la luz la desdicha más profunda y dolorosa que podamos imaginar.

En cualquier caso, al final volveremos a separarnos, con lo cual, cuanto antes toquemos fondo, antes empezaremos a levantarnos desde nuestra única realidad.

## Masoquismo irracional

Así es como me gusta llamar a esta fase que algunas personas sufren con un dolor asfixiante. Creo que estas palabras resumen bien lo que sentimos: «Pero si soy plenamente consciente de que él no me da lo que yo necesito, si sé que no me trataba bien, que no me quería, que no era feliz con él... Si me doy cuenta de que con él me humillaba y me degradaba a mí misma, me arrastraba suplicando cariño como el que pide limosna... Si lo sé, por qué sigo preguntándome si estará pensando en mí, si se acordará de lo que hacíamos juntos los fines de semana, si me estará echando de menos como yo a él, si volverá a mí...».

Queremos creer que sí, que piensa en nosotros, que nos tiene en la mente, que un día saldremos al balcón y le veremos abajo en una limusina y con un gran ramo de flores como en la película *Pretty Woman*, pero lamentablemente eso solo pasa en las películas. La realidad es la que es, y cuando se trata de una relación tóxica, nunca hay finales felices, sino al contrario. Cada vez nos sentimos más destruidos, más débiles, menos valiosos... Cada vez tenemos menos fuerza para seguir luchando.

Por eso lo llamo masoquismo emocional, porque al mismo tiempo que somos conscientes de lo que hay, de la realidad que tenemos delante, no podemos evitar seguir soñando en lo que quisiéramos que ocurriera. Y esto no tiene nada que ver con ser más o menos inteligentes; a todos nos puede pasar independientemente de nuestro trabajo, del nivel de estudios o de la clase social. El enganche emocional nos arrasa como un tsunami, estemos donde estemos y vengamos de donde vengamos.

El hecho de que veamos la realidad y, aun así, no podamos evitar seguir deseando mantener la relación, nos hace aún más daño. Sabemos que es algo completamente irracional, y eso hace que esta situación nos duela el doble porque sentimos que no tenemos el control sobre nuestra vida.

## Obsesión

Alcanzamos esta fase cuando ya estamos fuera de la relación desde hace algunos meses y, aun así, «no podemos evitar» (y lo pongo entre comillas porque en realidad sí que podemos) pensar en nuestra expareja. Seguimos obsesionados con el otro, recordando, comparándole con nuestra actual pareja (si la tenemos), o creyendo que no encontraremos a nadie como él (a pesar de haber tenido una relación nefasta). Cuando quedamos atascados en esta fase, hay en nosotros una necesidad imperiosa de saber del otro. Si encontramos a algún amigo en común, inventamos excusas para que el tema salga en la conversación, para que nos cuente algo: con quién sale, si tiene pareja o cómo le van las cosas. Puede que lo disfracemos hablando mal de él, expresando nuestro desacuerdo con lo que hace o hizo: da igual, lo que importa es que es lo opuesto a mantener el contacto cero y, por lo tanto, no nos conviene.

Estamos atrapados en la obsesión, y por ello nuestra mente nos lleva a seguir alimentando los pensamientos relacionados con él, y eso es justamente lo que tenemos que evitar a toda costa. Y honestamente, nos lo tendríamos que tomar muy en serio.

Es básico que comprendamos la importancia de cortar los pensamientos cuando los identifiquemos y evitar situaciones con otras personas que nos lleven a sacar el tema en cuestión. Aunque lo disfracemos de rabia, en el fondo, de nada nos sirve engañarnos. Debemos asumirlo y darnos cuenta de lo que nos está pasando en realidad.

## Última oportunidad

A veces aparece aquella fase en la que después de tener claro que hemos hecho lo correcto, después de haber cortado estrictamente el contacto y sentirnos mucho mejor, el otro reaparece como por arte de magia. Y no solo eso: se presenta con toda la artillería cargada, dispuesto a hacer lo que haga falta para que volvamos a su lado. Nos suplicará, escenificará los dramas más increíbles que jamás hayamos visto en el teatro, nos prometerá todos los cambios que siempre le habíamos pedido, nos asegurará que nos va a aceptar plenamente, que nos va a dejar ser, que no nos va a intentar cambiar, que ahora nos valora tantísimo, que se da cuenta de que somos lo que en realidad siempre quiso, y que va a transformarse en lo que nosotros deseemos. Todo para volver a tenernos a su lado.

La cuestión es que puede llegar a ser tan convincente que lleguemos a creerlo. A pesar de encontrarnos muchísimo mejor, al verle arrastrándose de esa forma sentimos pena y nos sentimos crueles si le decimos que se vaya porque estamos mejor así. Nos ablanda y hace que nuestros sentimientos de enganche se cuelen de nuevo en nuestra mente. Y es entonces cuando nos planteamos darle esa última oportunidad que nos pide.

Lo más recomendable es no ceder y mantenernos en nuestro camino. Vemos que estamos mejor, más tranquilos, más serenos y más felices sin el otro (a pesar del duelo que estamos atravesando).

Pero si, a pesar de ello, el otro no se rinde y nos invade sin respeto con un único objetivo y sin importarle lo más mínimo nuestro bienestar, es posible que nos planteemos volver con él de verdad. Si es este el caso, podemos darle esa oportunidad que nos pide. Con toda seguridad nos va a servir para volver a recordar una vez más el motivo por el que habíamos luchado tanto para salir de la relación.

No conozco a ninguna pareja con problemas de dependencia emocional que haya vuelto y cuya relación haya funcionado y hayan conseguido ser felices. Creo que esto es bastante significativo, pero, aun así, quizá deseemos dar ese paso y vivirlo por nosotros mismos. De esta forma tendremos la seguridad de que hemos hecho lo correcto.

Generalmente, lo que ocurre es que ya llevamos tanto tiempo sufriendo, han pasado tantas cosas, que no podemos volver con el otro como si nada. Empiezan a aparecer los reproches, la rabia, el dolor, etc., y no podemos ignorar estos sentimientos. Nos va a doler y acabaremos sufriendo de nuevo.

Y es que no funciona eso de «empezar de cero». No podemos olvidar todo aquello que hemos vivido, es absolutamente imposible. Siempre estará en nosotros y al volver con el otro, que sin duda seguirá siendo él, se nos activará de nuevo el dolor de aquellas heridas que han quedado en nuestro corazón.

## Liberación

Cuando hemos comprendido bien lo que nos ocurre, y nos centramos en utilizar todas las herramientas antes propuestas (contacto cero; apoyarnos en la amistad, pero huir de los amigos comunes; cortar los pensamientos centrados en él, etc.), alcanzamos el placer de la libertad. Libertad significa recuperarnos a nosotros mismos, ser conscientes de nuestra responsabilidad y actuar según aquello que sentimos sin estar condicionados por nadie. No se trata de que ya no nos importen los demás, sino de tener muy claro que primero es uno mismo. Si aprendo a tenerme en cuenta, a escuchar mis sentimientos en cada momento, voy a actuar de manera coherente y racional. Con ello, inevitablemente, me sentiré bien, íntegra y razonable, y me daré cuenta de que soy libre por fin. Que no actúo por ni para nadie. Nada más que por y para mí misma.

Ante cualquier situación, somos conscientes de que solo dependemos de nosotros, de que tomamos las decisiones en función de lo que nos dice nuestra intuición, nuestra voz interior.

La libertad se saborea cuando miramos atrás y vemos que ya no estamos allí, que aquello forma parte de un pasado que fue doloroso y complejo, y que nos dejó el alma llena de arañazos, pero que también nos enseñó muchísimo. De hecho, si lo ponemos en una balanza, nos damos cuenta de que nos ha aportado más de lo que nos ha quitado, y con ese aprendizaje hemos podido recuperar nuestra autoestima, la seguridad en nosotros mismos, la confianza en nuestra valía personal, y hemos aprendido a poner límites donde consideramos que debemos ponerlos y a decir «no» sin miedo a que nadie nos rechace.

Sin duda, sentirnos libres y auténticos por fin es la mayor de las recompensas que recibimos tras haber salido del duro camino del desenganche emocional.

# CAPÍTULO 5

# ¿PODEMOS SUPERARLO SOLOS?

**S**uperar una ruptura de pareja ya de por sí suele ser un camino arduo y tortuoso. Es importante que hagamos un proceso de duelo bien hecho, que nos permita comprender qué ha pasado (y, sobre todo, qué ha fallado) y aceptar por qué no funcionó. Así es como realizamos el aprendizaje necesario para crecer a partir de esa experiencia, y no repetir los mismos patrones erróneos en la siguiente relación.

En realidad, todos tenemos la capacidad de superar una ruptura de manera sana y recuperar nuestro equilibrio, pero en los casos en los que ha habido dependencia emocional es muy diferente.

En mi opinión, todos deberíamos hacer un proceso terapéutico con un buen profesional cuando acabamos una relación. Nos ayudará a aprender lo necesario para nuestro propio crecimiento personal y para abordar mejor las futuras relaciones.

A veces, un amigo con quien podamos hablar y nos ayude a tomar una nueva perspectiva de las cosas puede ser suficiente. Ya hemos comentado cómo el simple hecho de hablar sobre ello es terapéutico. Tener personas de confianza a nuestro alrededor, que nos aceptan como somos y nos abrazan a pesar de nuestras dificultades, sin juzgarnos ni valorar lo que nos está ocurriendo, puede ser justo lo que necesitamos. Pero hay que tener en cuenta que hay rupturas y rupturas, y no siempre va a ser suficiente un buen amigo para superarlas.

No es lo mismo abandonar una relación de mutuo acuerdo, cuando los dos sienten que el amor se ha acabado, pero son buenos compañeros y se quieren y respetan, que una ruptura en la que uno de los dos no quiere soltar al otro de ninguna manera, aunque esté recibiendo maltrato y humillaciones desde hace mucho tiempo.

Son muchas las personas que no hacen el proceso terapéutico adecuado y se ven «condenadas» a repetir la misma historia una y otra vez... En otras ocasiones, sus nuevas y sucesivas parejas las acaban dejando al cabo de unos meses porque tienen tanto miedo a estar solas que se agarran al otro desde la más profunda necesidad... y lo acaban asfixiando. Y luego están los que, como ya hemos dicho, eligen desde el miedo o la certeza de no encontrar a nadie que vaya a quererlos, y así lo más fácil es que elijan mal. Es una auténtica lotería, y ya sabemos las probabilidades que tenemos de que nos toque la lotería..., ¿verdad? Pues tenemos las mismas de que funcione una relación construida desde el miedo, la desesperación o la necesidad.

Se trata de personas que normalmente no tienen consciencia de lo que hacen, no se ven desde fuera, con otra perspectiva que les permita comprender lo que les está pasando. Por ese motivo repiten lo mismo una y otra vez. Se quejan sin descanso de lo desgraciadas que son, pero eso no evita que vuelvan a repetir el mismo patrón. Se sienten víctimas de sus vidas y, como tales, están convencidas de que no pueden hacer nada para cambiar.

Pero está claro que no es así. Sea cual sea nuestro caso, tanto si siempre nos acaban dejando como si acabamos permitiendo que nos maltraten y nos anulen como si acabamos sufriendo por algún otro motivo que se repite una vez tras otra, todos podemos romper esa dinámica y salir de esas experiencias mucho más fortalecidos y generando vínculos sanos y estables.

# CUÁNDO ES NECESARIO PEDIR AYUDA TERAPÉUTICA

Cuando hay dependencia emocional es altamente recomendable acudir siempre a un buen profesional que sea experto en este tema para que nos ayude a salir de la pesadilla en la que nos encontramos. Si no es experto, lo que puede ocurrirte es que el proceso se alargue de forma innecesaria, con lo que tu sufrimiento también se alargará. Hace ya más de dos décadas que en nuestros centros de terapia (presencial y *online*) tenemos claro que la dependencia emocional se puede superar en muy pocas sesiones. Sé que parece imposible cuando uno piensa en la magnitud del dolor que esta provoca, pero puedo asegurar que es así. Es muy difícil conseguirlo solos, por un lado, porque desde dentro no tenemos la perspectiva adecuada que nos permita empoderarnos y, por otro, porque sin ayuda es poco probable que hagamos el aprendizaje necesario para crear un cambio en nosotros. Este cambio es el que nos ayudará a evitar que en un futuro repitamos una experiencia parecida. Con la ayuda adecuada, el proceso de salida de la dependencia emocional es mucho más sencillo, rápido y efectivo.

Si alguno de los patrones que te expongo a continuación te resulta familiar, te recomiendo que no esperes más e inicies lo antes posible un proceso terapéutico con un profesional experto.

## El círculo vicioso: abandonar y volver

Hemos realizado varios intentos para salir de la relación, pero no hemos tenido éxito. Nos sentimos cada vez más cansados, más anulados y desesperanzados, pero no sabemos cómo hacerlo. Tenemos claro que la relación es tóxica y que no nos sentimos felices en ella, que no es lo que queremos, pero no somos capaces de abandonarla. Desde la razón lo vemos, pero no podemos pasar a la acción.

## Las dudas

En algunos momentos de lucidez nos damos cuenta de que esa no es la relación que queremos, pero en otros momentos creemos que sí, que tampoco estamos tan mal como a veces pensamos. Intentamos convencernos de que hemos de aceptar al otro como es, de que en realidad estamos bien, de que deberíamos conformarnos porque hay gente que está peor. Eso equivale a renunciar a nosotros mismos, a nuestros deseos y propósitos vitales. En definitiva, es lo más triste que podemos hacer como seres humanos. Si no estamos bien porque nuestra pareja no encaja con nuestros valores y con nuestra manera de entender la vida y mirar hacia el futuro, por mucho que nos empeñemos en aceptarla y que no nos afecte su manera de ser, no lo lograremos jamás. Esto implicaría renunciar a nuestra esencia, y nuestro cuerpo no lo va a permitir. No si no es a cambio de nuestra salud.

Si hay días en los que vemos claro que sí, y otros días en los que vemos claro que no, es que no. Las dudas son producto de nuestra inseguridad, de nuestros miedos, pero, como ya hemos comentado anteriormente, si nos encontramos en una relación sana, podremos pasar días o épocas malas, pero aun así no nos plantearemos dejar la relación, o no nos cuestionaremos si estamos o no con la persona adecuada. Las dudas son señal de que no nos encontramos en el camino correcto.

El que está donde quiere estar, lo sabe.

## La culpa

Somos conscientes de que no abandonamos la relación porque estamos enganchados en la culpa. Algunas veces, somos nosotros quienes dejamos de querer al otro: nos enamoramos de alguien más o simplemente tomamos conciencia de que nuestros sentimientos han cambiado. Lo tenemos claro, nos armamos de valor y se lo decimos. Nuestra pareja, al sentirse amenazada, y ante la posibilidad de perdernos, se posiciona completamente en el rol de víctima, y nosotros respondemos adoptando de manera automática el papel de culpables. Y está más que demostrado que la culpa acaba siendo muy mala compañera. Uno debe darse cuenta de que no puede sentirse culpable de dejar al otro si ya no le ama, simplemente está siendo honesto con sus sentimientos. Esto es lo que todos quisiéramos en una relación. Y es que, al final, si no nos aman, ¿qué vamos a hacer? Solo queda aceptarlo. Los sentimientos cambian, y negarnos a asumirlo es lo peor que podríamos hacer. Solo seremos felices e íntegros si aceptamos lo que sentimos de verdad.

## Miedo a estar solos

A veces, nos consideramos incapaces de salir adelante sin el otro, sin lo que él aporta a nuestra vida. Pensamos que estaremos perdidos, abandonados y sin nadie a nuestro alrededor. Nos repetimos: «Es la única persona que tengo... Si le pierdo a él, me quedo completamente sola». En ningún caso es cierto, y puedo asegurarte que, si realizamos el proceso adecuado para reforzar nuestra autoestima, este punto de vista va a cambiar rápidamente. Estar sin pareja no significa caer en el vacío de una soledad desgarradora. Es probable que tengamos familia, amigos, trabajo u otras personas a nuestro alrededor que nos van a ayudar a llenar ese espacio que él o ella deja en nosotros. No será lo mismo, pero te garantizo que, si no queremos, solos no nos vamos a quedar.

Y si por algún motivo estamos en un momento de nuestra vida en el que nos parece que estamos literalmente solos (no tenemos familia ni amigos ni nadie con quien compartir), entonces tendremos que empezar a hacer algo para que eso cambie. Tendremos que pasar a la acción e iniciar actividades, frecuentar nuevos lugares, etc., en los que tejer relaciones e ir creando nuestro pequeño círculo personal.

Aun así, es importante tener en cuenta que todos deberíamos aprender a estar a solas. Aunque rechacemos este estado, aprender a estar con nosotros mismos y llevarnos bien en nuestra propia compañía es una tarea que debería ser de obligado cumplimiento. Tal y como ya te he comentado, solo cuando somos capaces de disfrutar de esos espacios tan necesarios de soledad, cuando sentimos placer sabiendo que tenemos un tiempo para nosotros mismos, podremos crear relaciones sanas y, más valioso aún, podremos desprendernos con muchísima más facilidad de aquellas personas que son tóxicas para nosotros. Si no lo has hecho ya, te recomiendo de nuevo que leas mi libro *A solas*, que ha cambiado ya la vida de miles de personas y me encantaría que lograra también llegar a la tuya, para que descubras todo lo que la vida puede enseñarte a través de tus momentos de soledad.

## Repetir el mismo patrón

Acude a terapia si al observar tu pasado reconoces un patrón dañino en tus relaciones que se repite. Es tan triste como curiosa la cantidad de casos que hay en los que una persona que ha sido maltratada físicamente empieza otra relación de pareja con un hombre que vuelve a maltratarla de nuevo. Podríamos pensar que es casualidad o atribuirlo a la mala suerte... Pero para comprender verdaderamente qué es lo que pasa, la persona debe preguntarse: «¿Qué parte de mí tengo que cambiar para que deje de pasarme esto? ¿Qué tengo yo que ver con que se repita la misma historia?». Debemos responsabilizarnos de aquello que nos pasa, sobre todo cuando tiene que ver con elecciones que nosotros hemos hecho, y con nuestra conducta en determinadas situaciones.

Si la mayoría de las veces hemos creado relaciones de ese tipo, todo apunta a que seguiremos haciéndolo en adelante. Debemos actuar para romper la cadena.

# Sufrimiento y miedo a perderle

Nos miramos a nosotros mismos y lo que vemos, por un lado, es que estamos sufriendo muchísimo: tenemos ansiedad, somatizamos nuestros problemas, tomamos antidepresivos para combatir la tristeza..., tenemos una larguísima lista de motivos para romper la relación. Pero por otro lado, aguantamos porque tenemos en nuestra cabeza un terrible miedo a quedarnos sin él.

El simple hecho de estar tomando ansiolíticos o antidepresivos por vivir una relación problemática ya debería ser motivo suficiente para pedir ayuda terapéutica de inmediato. Ya hemos comentado que si nuestra pareja es el motivo de nuestro malestar y seguimos junto a ella, es absurdo pensar que nuestro dolor va a cesar. Puede que dejemos de sentirlo porque la pastilla le «baja el volumen» y no lo escuchamos, pero seguirá en nuestro interior. Ese dolor solo se va a suavizar con un proceso de reconstrucción personal que nos permita volver a ser quienes somos, con fuerza y dignidad.

Hemos de ser conscientes de que las dolencias y los malestares que siente nuestro cuerpo son una mezcla de lo que le permito a él y lo que me permito a mí. Cuando hay manipulación o maltrato, por un lado, dejamos al otro que atraviese unos límites que deberían estar férreamente bloqueados y, por otro, nos maltratamos a nosotros mismos, al permanecer al lado de una persona que nos trata así. Al permitir a otro que me anule, me anulo también a mí misma. Si yo me valorara, jamás permitiría que otro no lo hiciera. Me defendería a capa y espada y, de no ser posible, me largaría de allí cuanto antes.

Pero el miedo a quedarnos sin él, a enfrentarnos a una nueva vida sin su presencia por no sentirnos capaces de conseguir adaptarnos a ese cambio, hace que sigamos luchando. Cuanto más invertimos en él, en la relación, cuanto más damos, cuanto más hacemos, más vamos a combatir para no perderlo, para conseguir que funcione. Como el que ha invertido mucho dinero y no quiere rendirse y darlo todo por perdido, hasta que llega un momento en el que hay que decir basta. Nos encontramos en la misma situación que aquel que quiere reanimar a alguien que ya ha muerto: por mucho que intentemos que despierte, por mucho que luchemos para que abra los ojos y vuelva a respirar, no lo va a hacer. Ya es tarde. Hay que asumir que se acabó.

Aparte de en los casos mencionados, necesitamos ayuda terapéutica cuando estamos atrapados en una de las tres grandes mentiras de la dependencia emocional.

## Las tres grandes mentiras

Las tres falacias que en casi todos los casos se convierten en el principal alimento del enganche emocional son las siguientes:

1. **Creer que va a cambiar.** Si con todo el tiempo que ha pasado ya desde el principio ha sido así, ¿por qué mantenemos esa creencia irracional? Es evidente que no va a dejar de ser él por mucho que en momentos de arrepentimiento jure y perjure que cambiará. En realidad, a no ser que viéramos que pide ayuda psicológica por sí mismo, sin que nadie se lo diga, podemos asegurar que no tiene ningún interés en cambiar. Ninguno.

2. **Pensar que cambiará y que su siguiente pareja disfrutará esa transformación.** Esta creencia también tiene una parte sorprendente. Pensamos que todo el esfuerzo, la lucha y el sufrimiento que hemos vivido para conseguir que él cambie, todo lo que hemos tolerado, lo que le hemos ayudado, el hecho de haberle mantenido incluso, algún día servirá para algo. Queremos creer que llegado el momento nos lo agradecerá y nos recompensará por todo. Y el problema es que como siempre pensamos que está a punto de hacer ese «gran cambio», sentimos un miedo terrible a dejar la relación y que luego la recompensa se la lleve otra. Esta creencia es, como la anterior,

absolutamente ridícula. Cuando esté con la siguiente, reproducirá fielmente la misma relación que teníamos con él. A no ser, claro, que encuentre a una mujer con una buena autoestima e independiente que a la primera conducta extraña que vea le diga que no le quiere ver nunca más.

Es una creencia ridícula porque uno solo cambia si tiene conciencia de un problema, y el deseo y la voluntad reales de ponerle solución. En estos casos, no tenemos ni que preocuparnos por ello, porque la misma persona se pone en marcha y busca la ayuda necesaria para encontrar las herramientas que le faltan. Sin duda, esto no es lo que pasa en las situaciones que estamos comentando, ya que se trata de personas a las que conocemos bien, y los hechos nos demuestran claramente que no existe el más mínimo gesto de transformación.

**3.** **Pensar que nunca más encontraré a nadie como él.** Esto en realidad debería ser un motivo de alegría... Si cada día repasamos la lista de razones por las que sufrimos, quizá llegue un momento en el que pensemos que mejor no encontrar a otro que sea así. Además, nos daremos cuenta de que lo bueno que tiene, lo que nos engancha de él, tampoco son características tan difíciles de encontrar. El gran objetivo debería ser, precisamente, no encontrar a otro igual, o encontrar a otro que tenga lo bueno que tenía él y, además, todo lo que a él le faltaba. Tiene que ser una persona que encaje con nuestros valores y nuestra manera de funcionar y de ver la vida.

# CAPÍTULO 6

## Y DESPUÉS DE LA DEPENDENCIA EMOCIONAL, ¿QUÉ HAY?

**E**legir cada día a una persona que no es la adecuada, por miedo y por no ser conscientes de lo que somos y lo que valemos, es el peor pecado que podemos cometer y nos hará profundamente infelices. Nos llevará directamente a la infelicidad, a la tristeza y al vacío.

Recordemos la cita de Jorge Luis Borges: «He cometido el peor pecado que uno puede cometer: no he sido feliz». No hacer un esfuerzo por liberarnos, por temor a lo que vendrá de manera irracional, también es el peor pecado y también nos llevará a la desdicha.

El «qué vendrá» es una cuestión que siempre nos genera mucha ansiedad e incertidumbre. Es frecuente que el miedo a estar solos, la sensación de pérdida que sentimos al cortar el vínculo tóxico con el otro, o imaginarnos nuestra vida más allá de la adicción que tenemos ahora, nos produzca una mezcla de emociones y sentimientos, teñidos de un inmenso vacío.

Es de lo más habitual escuchar frases como «Nunca más volveré a enamorarme», «No voy a querer a nadie más como le quise a él», «Nadie me parece tan interesante», «Me da miedo quedarme solo, no lo soportaré», «¿Podré superarlo de verdad algún día?».

Pero llegados a este capítulo final del libro, seguramente ya os habéis hecho una idea de que superarlo es posible, y con ello nos hacemos el regalo maravilloso de recuperar nuestra vida, nuestro equilibrio, nuestro bienestar y nuestra felicidad.

La dependencia emocional nace de un vínculo afectivo tóxico y destructivo, y hay que hacer algo para sanarlo cuanto antes. Si nuestra relación era enfermiza y dañina, al dar los pasos necesarios para superarlo, veremos que en muy poco tiempo empezaremos a sentirnos aliviados y con la certeza de haber hecho lo correcto.

Después de la dependencia volvemos a conectar con la vida, con la libertad, con nuestra independencia. Recuperamos nuestra autoestima y nos sentimos ilusionados, capaces de afrontar nuevos retos y objetivos. Volvemos a sonreír, a bromear, a ser nosotros mismos. Volvemos a cuidarnos, puede que empezando a hacer deporte, renovando nuestra imagen o recuperando viejos amigos que habíamos dejado olvidados en un rincón. Encontramos nuevas aficiones, creamos nuevos círculos y poco a poco sentimos que el sol va saliendo. Y esto nos aporta una paz interior de valor incalculable comparada con toda la ansiedad que sufríamos en la relación.

Si te enfrentas a un problema de dependencia emocional, recuerda: todos los que la padecen pasan por lo mismo. Puede haber grados de dificultad o deterioro, pero, al final, lo que les pasa es igual. Siempre quedamos atrapados y perdemos la perspectiva.

Vale la pena hacer un esfuerzo para superarla. Nos lo debemos a nosotros mismos y merecemos ser felices.

Retomemos la pregunta inicial: después de la dependencia emocional, ¿qué hay?

Algunas de las muchísimas recompensas con las que nos encontraremos una vez superado este problema serán libertad, conciencia, crecimiento, recuperación del poder personal, propósito, vitalidad, energía, ilusión, éxito, paz interior, salud, calma mental, confianza, seguridad, fortaleza... Y con todo ello, felicidad.

# RECOMENDACIONES FINALES

Para volver a estar y sentirnos bien de una manera más rápida y efectiva una vez que hemos salido del enganche, os propongo una serie de recomendaciones que os llevarán a una mejora notable y evidente.

## Realizar ejercicio físico

Practicar deporte o emprender actividades que impliquen esfuerzo físico (mover el cuerpo) es, en mi opinión, algo que debería estar incluido en la vida de cualquier persona. Dependiendo de las limitaciones físicas de cada uno, es mejor escoger una opción u otra de las muchas que hay: *spinning*, aeróbic, natación, caminar o ir en bici al aire libre, correr, patinar, hacer senderismo, Pilates, etc.

Bailar salsa, aparte de ser un ejercicio en sí, mejora nuestro estado de ánimo. Os aseguro que es mejor que cualquier medicina o antidepresivo. Tiene multitud de efectos positivos, porque facilita que nos relacionemos con otras personas, nos permite conocer a gente nueva, hacer nuevos amigos, aprender algo nuevo, planificar salidas para ir a bailar por la noche, y todo esto sin contar con los efectos sanísimos que una música tan alegre conlleva.

La verdad es que después de haber sufrido tanto y de habernos sentido tan solos y tan perdidos, encontrar un espacio de este tipo es como llegar a un maravilloso oasis tras una larga travesía por el desierto.

## Mimarnos

En definitiva, se trata de cuidarnos y mimarnos mucho. Escuchar a nuestro cuerpo y a nuestra mente, y darles lo mejor en todos los sentidos:

* Comer bien, de una manera sana y en las cantidades adecuadas para un óptimo rendimiento y bienestar.

* Como dijimos, movernos y ejercitar la musculatura.

* Hacer actividades que nos diviertan y nos hagan sentir vivos y felices, liberando tensiones y pensamientos inadecuados.

* Practicar ejercicios de relajación en los que cuerpo y mente se conectan, permitiendo así aumentar nuestro nivel de conciencia.

* Realizar actividades con la finalidad de sentirnos bien: que nos den un masaje, ir a la peluquería, ir a un restaurante que nos gusta mucho, comprar entradas para un concierto de nuestro músico favorito, ir al cine, invitar a nuestros amigos a cenar, etc.

Si seguimos estos pasos, se reducirá notablemente el consumo de ansiolíticos y antidepresivos, porque se trata de actividades que ayudan a mejorar la ansiedad, a reducir los síntomas depresivos, a combatir el insomnio, a sentirnos y vernos mejor, a mejorar nuestra autoestima y a estar más tranquilos, más vitales y más felices.

En definitiva, se trata de recuperar el entusiasmo por la vida, y con una actitud que nos lleve a cuidarnos y a hacer lo necesario para nosotros mismos, lo conseguiremos.

Y aquí acaba este «manual práctico» para superar la dependencia emocional. Espero que os haya sido útil, ya sea para tomar conciencia de que os encontráis en una relación disfuncional, o para empezar a dar los pasos necesarios para superar la dependencia. Lo importante es avanzar, movernos, mirar hacia delante. Lo importante es no seguir haciendo lo mismo, porque de ser así, nada va a cambiar.

Solo así lograremos nuestro mayor éxito: recuperarnos a nosotros mismos con la certeza de que jamás volveremos a desprendernos de nuestro valor más preciado: la dignidad.

Y, sobre todo, no olvidéis lo esencial: disfrutar una relación de pareja sana y equilibrada nos llevará, sin duda, a tener una mayor calidad de vida y a sentirnos más felices y afortunados. Sin embargo, cuando estar con nuestra pareja implica dejar de ser quienes somos para gustarle, para que no se enfade o para que la relación funcione, entonces no hay ninguna duda: estamos con la persona equivocada.

# EL CASO DE AMELIA

Me presentaron a Amelia una noche, después de un concierto. Ella es cantante y una amiga suya que también me conoce a mí me dijo que quería que nos conociéramos. Fui a verla y al terminar me avisaron de que podía ir al camerino para tomar algo con ella, los músicos y algunos familiares y amigos.

Amelia acababa de sacar un disco nuevo que estaba teniendo mucho éxito. Me comentó que había leído mi libro *La voz de mis alas* y que le había encantado. Que incluso se planteaba versionar y convertir en canción alguna de las poesías del libro. Me explicó cuáles eran los poemas que más le habían emocionado y que, debido a todo lo que sintió al leerlos, tenía ganas de conocerme.

Evidentemente a mí también me gustaba tener la oportunidad de conocerla a ella, pero en el fondo (supongo que es porque nunca desconecto) me preguntaba dónde la llevaban esos poemas... No se trataba precisamente de los que hablaban de libertad y gratitud, sino más bien los que trataban de desamor y soledad. Hasta donde yo sabía, Amelia estaba casada y tenía dos gemelos de cuatro años.

Estuvimos un rato charlando. Me preguntaba muchas cosas y me daba las gracias continuamente por todo lo que de alguna manera la había ayudado. Incluso en algún momento se emocionó.

La cosa quedó ahí. Pero, al cabo de un par de semanas, mi amiga me llamó para decirme que ella le había pedido hacer una sesión conmigo. Buscamos un hueco y vino a la consulta.

Amelia me dijo que no sabía muy bien por qué venía. Es decir, sentía que necesitaba hacer algunas sesiones, pero no tenía claro por qué. Sabía que no estaba bien, pero estaba muy confundida.

Le pregunté con qué había conectado al leer el libro, y me explicó que se había dado cuenta de que no terminaba de estar bien en su relación. Llevaba casada siete años con su marido Roland. Se habían conocido grabando un anuncio de una bebida. Él trabajaba en la agencia de publicidad que la había contratado a ella, y enseguida se mostró muy interesado en ella, divertido, amable y cariñoso. Tanto fue el acercamiento y la complicidad que se generaron, que ese mismo día quedaron para cenar.

Amelia me contó que se había pasado con el vino y, no sabía cómo, había acabado acostándose con él. A partir del día siguiente, él la trataba como si fuera su mujer. Se le veía entregado y feliz de estar con ella. Siguieron quedando. Él la colmaba de reconocimientos, le decía que era la mejor en todo, que llegaría muy lejos, que él la ayudaría a conseguir mucho más.

Amelia nunca había tenido alguien así a su lado y, por otra parte, de pequeña lo único que había recibido eran insultos y desprecios por parte de su padre. Le decía que era fea, que era tonta y que no servía para nada. Ella se sentía tan triste, insegura y desprotegida que se encerraba en su habitación y se pasaba horas imitando a las cantantes que más le gustaban y fantaseando con la idea de que algún día tal vez viviría algo así. Aunque, a decir verdad, en el fondo no se lo creía en absoluto.

Su padre era alcohólico y siempre estaba ausente (menos cuando la maltrataba). Y la madre tenía una depresión y estaba siempre bajo los efectos de las múltiples pastillas que se tomaba.

Por eso, cuando encontraba a alguien que le decía cuatro cosas bonitas, Amelia ni siquiera se planteaba si esa persona le gustaba o no. Se entregaba sin más. Eso fue lo que le había pasado con Roland. No le gustaba, pero había apartado esa información a un lado y se había dejado halagar y cuidar por él.

El problema fue que en menos de dos meses él ya estaba instalado en su casa y vivían juntos. Al principio parecía que todo iba bien, era fácil y llevadero porque ella viajaba bastante y pasaba mucho tiempo fuera. Él trataba de encontrarse con ella cuando podía y el resto del tiempo iban tirando.

Pero al cabo de un año y medio las cosas cambiaron, y su día a día también. Fue entonces cuando empezó a conocer al Roland real: el que dejaba la ropa sucia en medio de la casa; el que tenía costumbres y manías que a ella le daban asco, como estar todo el día fumando, el que tenía un aliento horrible; el que cuando se enfadaba se ponía a gritar y romper platos como un energúmeno... En fin. Se dio cuenta que ni le atraía, ni le deseaba ni le gustaba.

Pero luego ella pasó por una enfermedad y vio que él estaba siempre allí, pendiente, como si fuera ese padre que ella nunca tuvo. La cuidaba y se preocupaba de ella al máximo. Se mostraba cariñoso y atento como nadie lo había sido antes. Y, ante eso, Amelia no podía luchar. Era superior a ella misma.

Me explicó todo esto para justificar sus dudas.

—Silvia, es que no sé si me estoy volviendo loca. Me siento como una niña caprichosa que se queja por vicio. Me siento hasta mal contándote ciertas cosas que no me gustan, como si le estuviera traicionando...

—Pero las sientes, ¿no es así?

—Sí, sí las siento. Siento que no me gusta, que no me atrae y que no le deseo. Es más, siento rechazo en muchos momentos. Pero luego, cuando pienso en lo que me cuida y lo que se preocupa por mí..., me siento confundida. Muchas veces me abraza fuerte y me dice que él no me va a dejar nunca como hizo mi padre, que pase lo que pase nunca me abandonará ni me hará daño... Cuando hace eso y yo estoy mal, me alivia, pero después me da un poco de miedo porque, no sé..., a veces lo veo un poco obsesionado conmigo...

—¿Desde cuándo sientes que no te gusta y que no le deseas, Amelia?

—Uff... Pues creo que desde que empezamos. Si te soy sincera, creo que no me ha gustado nunca, Silvia... Qué fuerte que esté diciendo esto, pensarás que soy lo peor...

—Para nada, no, no, lo que ocurre es que te dejaste llevar porque te daba seguridad y te hacía sentir bien y sin darte cuenta han pasado todos estos años.

Me contó que hacía unos años había hecho un intento de dejar la relación, pero que no había sido capaz de soportar la soledad y había decidido volver con él. Y luego, con la reconciliación, para demostrarle su amor por él aceptó tener un hijo. Y tuvo dos.

Pero la cuestión es que ya había intentado salir. La idea de quedarse sin él la aterraba. Tenía miedo de arrepentirse, de no ser capaz de seguir con su vida, de enloquecer si no le tenía a él para consolarla cuando estuviera mal. En fin, lo que viene siendo un claro caso de dependencia emocional.

Me contaba que cuando no estaba trabajando, estaba todo el día encerrada en casa, que no quedaba con nadie, que sus amigas se habían cansado de llamarla porque siempre les ponía excusas.

—¿Y con él sales, Amelia?

—Qué va, no hacemos nada.

—¿Y le importa si sales con amigas?

—No... Si siempre me dice que salga más. Aunque... es cierto que casi ninguna de mis amigas le gusta. Solo le parecen bien Marcos, mi amigo gay, y Lucía, que tiene sesenta y nueve años. Madre mía, Silvia, lo que estoy viendo... Estoy alucinada... Nunca lo había visto, qué fuerte... Pero si lo que pasa es que él finge que lo hace por mi bien y que quiere cuidarme y protegerme, pero luego, cuando intento alejarme, me manipula con comentarios sutiles y despectivos para que no lo haga... Qué fuerte...

Sin esperarlo ni preverlo, Amelia se dio cuenta de lo que estaba sucediendo en su relación. Tomó conciencia de lo que ocurría desde el inicio y nunca antes había visto, tal y como les pasa a muchas personas que viven lo mismo que ella. Se acostumbran, normalizan, disculpan, justifican y malinterpretan ciertas conductas, de forma que pierden el contacto con la realidad.

La ventaja en los casos como el de Amelia es que llegó a mí después de haber hecho ya un intento fallido. Y digo que es una ventaja porque esto hace que todas las etapas que te menciono se reduzcan considerablemente y el proceso de recuperación y liberación sea mucho más rápido.

En su intento anterior, tras la euforia inicial de la separación, ella ya había experimentado y caído en la desdicha más profunda y desoladora. También había sido presa del autoengaño más absurdo, con esos pensamientos y recuerdos maquillados que la seducían haciéndole creer que su relación era lo mejor que le había pasado en la vida. Y también había actuado desde ese masoquismo irracional que la había conducido directamente a darle una nueva oportunidad, para volver, eso sí, a lo mismo que ya conocía y de lo que había intentado salir.

Ya había vivido todo eso. Y lo vivió así porque en ese momento no tenía la claridad y el nivel de comprensión de todo lo que estaba ocurriendo tal y como lo tenía ahora. Sencillamente, no estaba preparada. Y es que hay que prepararse para dar un paso así, porque, cuando el miedo nos atenaza, la recaída es ineludible.

Hicimos unas cuantas sesiones más en las que ella se fue preparando para dar el paso. Yo siempre quiero estar muy segura de que la persona que tengo delante tiene clara y ve con total nitidez la decisión que quiere tomar. Puede que yo lo vea muy nítido desde fuera, pero es el paciente quien tiene que verlo y sentirlo de verdad. Si no, no funciona. Si no, no estará bien. En cambio, cuando uno lo tiene claro y logra incluso experimentar y sentir esa claridad, entonces sí. Entonces podrá con todo.

Su autoestima era cada vez más fuerte, pero se encontraba con un problema: al plantearle que quería separarse, Roland no lo aceptaba. Ella se dio cuenta de que él tenía una admiración un tanto enfermiza hacia ella, tal vez también hacia lo que ella significaba, el mundo que la rodeaba, todo ese glamur que le gustaba más a él que a ella. No quería perder eso, ni su estilo de vida ni todo aquello con lo que él fantaseaba. Sin embargo, ella era muy clara y tajante.

Al principio no tanto, pero lo trabajamos también y cada vez lo fue más. Así, al final a él no le quedó otra que ir haciéndose a la idea. En ocasiones anteriores, cuando ella se ponía así, él sabía muy bien cómo hacerle cambiar de opinión. Le hacía sentir que le necesitaba a él para velar por ella y hacerse cargo, que nadie la cuidaría como él. Y la había convencido durante mucho tiempo. Pero ya no. Habíamos conseguido que dejara de tener ese efecto sobre ella.

En unos cuatro meses logró que él hiciera las maletas y se fuera a vivir a otro lugar. Tampoco fue fácil por los gemelos. Había que explicárselo, y él no lo ponía fácil porque iba como un alma en pena por la casa y los niños lo notaban. Incluso en alguna ocasión llegó a decirles que mamá ya no quería a papá y que le iba a echar de casa, ante lo cual ellos entraron en pánico. En fin. Eso es justamente lo que nunca jamás habría que hacer.

Es importante que ambos progenitores vayan a una a la hora de comunicar la separación a los hijos. Que los pequeños les vean bien. Es necesario que esto se plantee como un cambio, no como una desgracia ni como una mala noticia. Un cambio, nada más.

La verdad es que tal y como yo había previsto, ella vivió el proceso de una forma mucho más liviana que el recuerdo que tenía del primer intento. Esta vez fue fácil y todo fluyó. Está claro que esto no significa que no haya momentos más complejos ni mucho menos que te vayas a sentir feliz constantemente. No es un proceso agradable cuando uno de los dos no quiere dar ese paso. Pero, en su caso, eso era lo mejor para ambos y ella lo tenía claro.

Al cabo de unos pocos meses, se dio cuenta de que empezaban a pasarle cosas maravillosas, sorpresas inesperadas, nuevos proyectos, era más creativa y brillaba más que nunca. Yo intuía que eso era lo que iba a ocurrir, pero ella no lo tenía tan claro. Y es que, cuando estamos atrapados en una relación así, en la que no avanzamos porque en realidad no queremos estar allí, eso nos consume sobremanera. Nos quita energía, nos deprime, nos desgasta y nos destruye. Y, por supuesto, afecta a nuestro rendimiento, a nuestra energía y a nuestra vitalidad. Dejamos de cuidarnos y nuestra salud también se acaba resintiendo.

Hoy Amelia es una mujer nueva. Se siente fuerte, segura y feliz. Y lo más importante: es consciente de todo lo que le ha enseñado esa experiencia tan dura. De que tenía que vivir todo aquello para aprender un millón de cosas que hoy sabe y que, de no haberlo vivido, desconocería. Hoy tiene muy claro lo que quiere y que ya no va a repetir los mismos errores.

# EL CASO DE LUCAS Y MATÍAS

Lucas vino a verme un quince de octubre. Sentía que estaba al límite en su relación, que ya no podía más. Amaba con locura a su marido Matías, pero habían llegado a un punto en el que ya no sabía si su historia tenía posibilidad de futuro alguna.

Recuerdo que estuvo casi toda la sesión llorando de impotencia. No quería perderle, pero se daba cuenta de que su historia era compleja. Me decía que sentía que aquello era como tratar de retener agua entre sus manos: se acababa cayendo... Cuanto más se esforzaba en evitarlo, más profunda era su frustración y más dolorosa su decepción.

Hacía tres años que se habían comprado una casa preciosa en un pueblo a las afueras de Barcelona, y llevaban juntos casi once años. Me contó que Matías siempre había sido una persona muy activa, de esas que necesitan emociones fuertes para sentirse vivas. De las que un día te dicen: «Haz la maleta, que acabo de comprar dos billetes para ir a Viena porque hay un concierto de chelo que hay que ver». No pensaba en que a lo mejor Lucas no podía o tenía otros planes ya confirmados. Él era así, y Lucas lo sabía. De hecho, tenía claro que siempre era él quien se adaptaba a Matías.

—Silvia, es que si no me adaptara yo a él, no habríamos durado ni once días. Y al final a mí me da igual cambiar de planes; si él es feliz, ya me va bien.

Lucas era de esas personas que son felices haciendo felices a los demás. Que viven poniendo el foco en qué necesita quien tienen al lado y tratando de satisfacer esas necesidades. Aceptaba que él no era muy de organizar y pensar en planes, pero cuando los proponía Matías, se adaptaba y le acompañaba encantado. Al fin y al cabo, lo único que quería era estar con él, compartir momentos y sumar experiencias.

Todo cambió cuando Matías empezó a mostrarse más distante y le dijo que no era feliz, que le faltaban emociones en su vida. Le decía que a veces reflexionaba sobre la relación que tenían y se preguntaba cosas como: «¿Esto es todo?», «¿Nuestra relación es esto... y ya? ¿Nada más?», «Podemos intuir fácilmente cómo van a ser los próximos diez años, ¿verdad?». Y al pensar eso, Matías se angustiaba mucho. Sentía ganas de salir de allí corriendo como la mujer que sale de la iglesia el día de su boda porque en realidad sabe que no se quiere casar.

Lucas trataba de comprenderlo, pero le costaba. Él era feliz con su relación y no entendía qué más necesitaba Matías. No sabía si lo que quería era ir con otros hombres, vivir en otros lugares, hacer otras cosas... Cuando intentaba aclararlo, no lo conseguía. Matías estaba confuso, pero lo que tenía claro era que no estaba bien.

—Silvia, es que he venido porque ya no puedo más, pero en realidad creo que quien debería estar aquí es él...

—Pero ¿él te ha dicho que quiere dejar la relación?

—No, no, qué va. Alguna vez lo ha mencionado por encima, pero no. De hecho, después de ese cambio repentino, del que ya hace dos años, tiene días y momentos en los que parece que está fenomenal y luego le vienen esos bajones y se agobia y todo le va mal.

Tras las primeras sesiones me di cuenta de que aquello iba a ser muy difícil de reconducir. Él venía para que yo le ayudara a estar bien y a fortalecerse, pero en el fondo quería eso para poder aguantar en su relación disfuncional. No quería que acabara.

Sin embargo, la realidad es que estar al lado de alguien que en ocasiones te demuestra claramente que le molestas, que contigo no es feliz y que desearía que no estuvieras allí, pero otras se muestra la mar de bien, como si todo aquel malestar nunca hubiera existido, desquicia a cualquiera. Ese *ahora sí y luego no*, es demoledor. Y así estaba Lucas, demolido.

Le propuse dejar el tema de su relación a un lado y que nos ocupáramos de fortalecer su autoestima, porque le hacía mucha falta. Estaba claro que sufría dependencia emocional y, de hecho, él lo había verbalizado a raíz de escuchar alguna conferencia mía, pero creí que sería mejor centrarnos primero en él.

Hicimos algunas sesiones en las que se dio cuenta de que había permitido muchas cosas que, de haber sido consciente, no habría dejado pasar. Era muy habitual que él renunciara a sus deseos para contentar a Matías, para hacerle feliz, y era cierto que en el fondo no le importaba. Pero cuando luego lo que recibes a cambio es malestar, malas caras o incluso un trato muy dañino, con insultos y faltas de respeto incluidos, entonces ya no compensa. El daño era cada vez más grande, y por eso Lucas empezó a despertar y a ver que algo no iba bien. Se había adaptado a ello durante años, pero con el cambio de Matías eso ya no le compensaba.

Se dio cuenta de que eran muy diferentes. Lucas comenzó a cambiar. Es decir, al conectar con su verdadera y auténtica esencia, vio que esta le gustaba y que no podía volver a alejarse de ella, porque, si lo hacía, en realidad se alejaba de él, y ese no era un buen camino para nadie. A la larga, eso es algo que hace infeliz a cualquiera.

Matías empezó a notar ese cambio. Le veía más feliz y más independiente. Veía que la idea de que la relación acabara ya no le paralizaba como antes. No quería que terminara, pero, si sucedía, tenía claro que no sería el fin del mundo y que también sería feliz. Y entonces era Matías quien se ponía mal. Verle así de bien le angustiaba.

Le pregunté a Lucas si le importaría que intentara hablar con Matías para ayudarle en su encrucijada, y le encantó la idea.

Sin embargo, Matías no quiso. Le dijo que él era consciente de que no estaba bien, pero que tenía que salir de allí por sí mismo, que era algo que debía hacer él solo.

Tremendo error el de Matías. Es algo que les ocurre a muchas personas y que está más que comprobado que no suele funcionar. Querer superar un problema psicoemocional solo es muy complicado. Necesitas a alguien que te acompañe para que te atrevas a sumergirte en tu propio universo, en tus vivencias, en tus miedos y deseos; alguien que te dé la confianza suficiente para que te atrevas a aceptar aquello que anhelas y a lo que tal vez has renunciado, aquello por lo que te sientes frustrado y rabioso, aquellas partes de ti que rechazas o que no te complacen.

Pero él no quiso venir. Y, a partir de ahí, ya puedes imaginar lo que ocurrió.

Lucas cada día se sentía mejor, más enérgico, más vivo y más conectado consigo mismo. Seguía siendo él, una persona tranquila que no necesitaba mucho para ser feliz, pero ahora tenía claro que se respetaba y que eso le hacía bien. Los demás se lo notaban y se lo decían, y eso le encantaba.

Matías, en cambio, se iba volviendo cada vez más gris, más lleno de amargura e infelicidad, hasta que un día Lucas no pudo más y le dejó.

Con las sesiones que hice con Lucas, me di cuenta de que ellos dos eran radicalmente opuestos. A Lucas ni siquiera le gustaba cómo era Matías, así llegó a verbalizarlo en varias ocasiones. Se había acostumbrado a él y al principio estaba tan enamorado que ni se lo planteaba. Pero, si era honesto, sentía que siempre había sido como un títere para él. Y tal vez eso a Matías tampoco le gustaba.

Y es que a menudo pensamos que si tratamos de complacer a nuestra pareja en todo, nos aseguramos de que no nos va a dejar, de que la relación durará mucho tiempo y de que todo irá bien. Y no es así. Es mejor ser auténtico que convertirse en la extensión de alguien más.

Hace unos días, recibí un correo de Lucas. Hace ya tres años de nuestras sesiones. Me escribió porque quería compartir conmigo que estaba enamorado otra vez y que recordaba cada día mis palabras cuando le repetía: «Cuando encuentres a la persona adecuada para ti, vas a sorprenderte mucho, porque no imaginas lo fácil que puede ser una relación». Me decía que ahora entendía mi mensaje, porque realmente lo estaba sintiendo y viviendo así. Con mucha facilidad. Así es como debía ser.

Me alegró mucho recibir su correo y poder confirmar una vez más (aunque tengo tantísimos casos que lo corroboran que podría escribir varios tomos) que salir de la dependencia emocional siempre es algo bueno, algo que nos acerca a un estado de mayor crecimiento, bienestar y auténtica felicidad.

# AGRADECIMIENTOS

A mi alma gemela y eterna amiga Sagiri. Tu bondad, tu corazón inmenso y la certeza de saber que siempre estarías allí me ayudaron a recuperar el aliento cada vez que lo perdía. Nunca dejé de sentirte cerca, aunque nos separaran miles de quilómetros. Siempre formarás parte de mi corazón.

A mi amiga Sandra, por tu incondicionalidad y respeto. Jamás me juzgaste, jamás dejaste de escucharme y de estar ahí, jamás me diste un consejo a pesar de la irracionalidad de mi conducta. Me ayudaste una y otra vez a seguir luchando..., jamás lo olvidaré.

A mis padres y a mi hermano, por vuestro amor incondicional, por vuestra generosidad sin límites y por enseñarme que si confiaba en mí, TODO ERA POSIBLE. No hay día que no me levante y agradezca una y mil veces teneros en mi vida y poder formar parte de la vuestra. Os quiero.

Me siento enormemente afortunada por teneros en mi vida.

También quiero expresar mi más sincero agradecimiento al doctor y psicólogo clínico Domènec Luengo. Aparte de ser una referencia para muchos por su profesionalidad, sus conocimientos y su dilatada experiencia, es una persona admirable, cercana y con una calidad humana excepcional. Su apoyo y confianza en mi trabajo y en este proyecto han sido absolutamente determinantes. Gracias de corazón por ayudarme a llegar hasta aquí.

Por último, quiero dar las gracias a todas las personas que han confiado en mí y en mi trabajo y me han pedido ayuda. A todos aquellos que me habéis permitido formar parte de vuestra mejora, de vuestra recuperación, de vuestra «vuelta a la vida». Veros crecer, reforzar vuestra autoestima y utilizar por fin todo vuestro potencial es justamente lo que le da sentido a mi trabajo. Os aseguro que mi experiencia día a día con cada uno de vosotros es maravillosa.

# ANEXOS

Os recuerdo que podéis encontrar más información sobre la dependencia emocional, la autoestima, las relaciones o el miedo a la soledad (artículos, libros, vídeos, cursos, etc.):

* en mi página web, <www.silviacongost.com>
* en mis activas redes sociales:
    - Instagram: @silviacongost
    - YouTube: Silvia Congost
    - Facebook: Silvia Congost
    - TikTok: @silviacongost

Y por último, a continuación, en este apartado, encontrarás tres cuestionarios para que los respondas:

* Test de dependencia emocional.
* Test de autoestima.
* Test del miedo a quedarse solo.

Solo tienes que responder «Sí» o «No» a cada una de las cuestiones que propongo. Si tu respuesta es «Sí» en ocho o más de las preguntas, es importante que tomes conciencia y hagas algo para mejorar la calidad de tu relación contigo mismo y con los demás.

Por último, encontrarás un cuadro—resumen sobre el contacto cero que puedes recortar y colgar en algún sitio visible. Recuerda que el contacto cero es esencial para superar el enganche de la dependencia emocional, y debes ser estricto y tener mucha fuerza de voluntad. Solo así lo conseguirás.

# TEST DE DEPENDENCIA EMOCIONAL

|  |  | SÍ | NO |
|---|---|---|---|

1. En todas o en la mayoría de las relaciones que has tenido, ¿ha sido el otro quien te ha elegido a ti?   ○ ○

2. ¿Te sientes incapaz de renunciar a tu pareja, aunque a menudo piensas que no eres feliz y que no es la persona adecuada?   ○ ○

3. ¿Te das cuenta de que tu pareja no te trata bien, pero sigues esforzándote para que no se acabe la relación?   ○ ○

4. ¿Te esfuerzas por cambiar y ser lo que tu pareja quiere que seas y así hacerle feliz?   ○ ○

5. ¿Te esfuerzas para que tu pareja cambie, para que se dé cuenta de que tiene que modificar muchas conductas y aspectos de su personalidad?   ○ ○

6. ¿Sigues viviendo con la idea de que tu pareja se convertirá un día en el príncipe azul que siempre has querido?   ○ ○

7. ¿Tenéis problemas, pero crees que el «gran amor» que sentís podrá con todo?   ○ ○

8. ¿Sientes que necesitas su amor para vivir, a pesar de que cada vez recibes menos muestras de afecto y de cariño?   ○ ○

9. ¿A menudo te preguntas por qué tienes tan mala suerte con las parejas, porque ves que repites siempre historias parecidas? ○ ○

10. ¿Tu mayor prioridad es obtener la atención y el amor de tu pareja? ○ ○

11. Cuando estás con tus amigos íntimos, ¿casi siempre estás hablando de él y de tus problemas en la relación? ○ ○

12. ¿Te sientes cada vez más triste y más agotado o agotada porque la relación absorbe toda tu energía? ○ ○

13. ¿Tu autoestima es muy baja, no crees en ti ni en tu potencial, has olvidado tus virtudes, tus cualidades y tus sueños? ○ ○

14. ¿Sientes que has fracasado con la vida que tienes? ○ ○

15. ¿Te has acostumbrado a recibir malos tratos de tu pareja, hasta el punto de no verlo tan grave: insultos, faltas de respeto, menosprecios, incluso golpes? ○ ○

16. ¿Sientes que te has perdido a ti mismo o a ti misma? ¿No recuerdas cómo eres en realidad? ○ ○

# TEST DE AUTOESTIMA

|  | SÍ | NO |
|---|---|---|

1. Cuando otra persona te pide un favor, a pesar de que no te apetezca o no quieras hacerlo, no puedes decir «no» y acabas accediendo en contra de lo que sientes. ○ ○

2. Te cuesta dar tu opinión o mostrarte cuando estás con un grupo de gente, por miedo a lo que pensarán o dirán de ti, y hacer el ridículo. ○ ○

3. Siempre te fijas en aquellas personas que desde tu punto de vista son mejores que tú, o te superan en alguna característica, reforzando así tu sentimiento de inferioridad. ○ ○

4. Te cuesta mucho identificar tus cualidades, virtudes y puntos fuertes y, en cambio, tienes muy claros tus defectos o carencias. ○ ○

5. Tienes una gran dificultad para reconocer tus éxitos y los logros que has conseguido. ○ ○

6. Dejas pasar oportunidades (entrevistas de trabajo, reuniones sociales, conocer a ciertas personas, etc.) por miedo a no estar a la altura. ○ ○

7. Si alguna persona detecta o te comenta algo malo de ti, te afecta muchísimo. ○ ○

8. Tiendes a culparte de todo lo malo que te ocurre, incluso de los fracasos en las relaciones, creyendo que seguro que has sido tú el o la responsable. ○ ○

|  | SÍ | NO |
|---|----|----|

9. Necesitas siempre el reconocimiento de los demás para sentirte bien, a pesar de que una vez que lo obtienes, te cuesta gestionarlo. ○ ○

10. Te sientes poco importante y poco valioso, con lo cual das por supuesto que es normal que nadie te quiera. ○ ○

11. No te sientes capaz de conseguir muchos de los objetivos que te gustaría lograr en tu vida, con lo cual dejas pasar buenas oportunidades. ○ ○

12. Crees que no puedes aspirar a un determinado perfil de pareja porque jamás se fijaría en alguien como tú. ○ ○

13. Tienes pensamientos negativos sobre ti mismo y te los repites constantemente, hasta que los acabas creyendo como verdades absolutas. ○ ○

14. Tuviste carencias afectivas de pequeño o pequeña por parte de tu padre o madre, y puede que alguno de ellos no te dedicara la atención que necesitabas. ○ ○

15. En tu infancia, te exigían más y no te reconocían lo suficiente, remarcando siempre aquello que debías mejorar. ○ ○

16. En tu infancia, te comparaban siempre con algún familiar o conocido, reconociendo sus logros y haciéndote sentir que debías ser o hacer como él. ○ ○

# TEST DEL MIEDO A QUEDARSE SOLO

|  | SÍ | NO |
|---|---|---|
| 1. Aunque esté con una pareja con quien no soy feliz, no la suelto porque tengo miedo a no encontrar a nadie más que quiera estar conmigo. | ○ | ○ |
| 2. Siento que tengo pocas cualidades, tanto físicas como intelectuales, con lo cual es imposible que alguien me elija. | ○ | ○ |
| 3. Para mí, tener una relación de pareja estable es algo absolutamente imprescindible. | ○ | ○ |
| 4. Si estoy solo o sola, no voy a ser capaz de seguir adelante con mi vida, superando los obstáculos que encuentre en el camino. | ○ | ○ |
| 5. Cuando me quedo sin pareja, me entra una ansiedad muy grande y enseguida busco a alguien que llene ese vacío (generalmente, el primero que se fija en mí). | ○ | ○ |
| 6. Acostumbro a encadenar una relación con otra sin dejar un tiempo para estar sola. | ○ | ○ |
| 7. Siempre intento tener mis horas ocupadas, asegurándome de que no quede ningún hueco sin actividad. | ○ | ○ |
| 8. Cuando no tengo a nadie con quien quedar o nada que hacer, me siento ansioso/a, incómodo/a, vacío/a y deprimido/a. | ○ | ○ |
| 9. Me cuesta mucho disfrutar de mi tiempo, de mi soledad, no me relajo con ello. | ○ | ○ |

10. Es posible que en mi infancia me haya sentido ⭕ ⭕
muy sola, y llevo ese sentimiento conmigo.

11. En las relaciones de pareja, hago todo lo que creo ⭕ ⭕
que el otro espera de mí para que así sea feliz a
mi lado y no me abandone.

12. La idea de que mi pareja me deje es absoluta- ⭕ ⭕
mente inconcebible para mí y si esto ocurre, me
hundo de manera muy desmesurada.

13. Cuando me han dejado, solo vuelvo a tener ilu- ⭕ ⭕
siones y a sonreír cuando encuentro a otra persona que muestra interés por mí.

14. Si no tengo pareja, me siento inferior a los demás. ⭕ ⭕

15. En algunos casos, me cuesta mantener relaciones ⭕ ⭕
estrechas por miedo a abrirme y a que acaben
dejándome.

# CONTACTO CERO

* No comunicarte con la otra persona por ningún canal: no hablar por teléfono, cara a cara, etc., ni por escrito (mensajes, *e-mails*, etc.).

* No ir a verle de manera premeditada.

* Eliminarle de las redes sociales: bloquearle en Facebook y en WhatsApp y dejar de seguirle en Twitter.

* Si es necesario, cambiar el número de nuestro móvil. A veces es preciso hacerlo, principalmente cuando no deja de llamarnos o empieza a mandarnos SMS.

* No hablar de él o de ella con nadie (es un tema prohibido).

* Pedir explícitamente que no nos hablen ni nos cuenten nada sobre él o ella.

* No quedar con sus amigos, familiares, etc.

* No frecuentar sitios en los que podemos encontrarle.

* No crear un perfil falso para seguir husmeando en sus redes a escondidas.

# Otros títulos de la autora en Booket: